U0894974

智库 中社 智库丛书 Think Tank Series

国家发展与战略丛书
人大国发院智库丛书

美国财政补贴：
制度、现状与影响

Fiscal Subsidies in the United States:
System, Status quo and Impact

代志新 著

中国社会科学出版社

图书在版编目（CIP）数据

美国财政补贴：制度、现状与影响／代志新著．—北京：中国社会科学出版社，2023. 4

（国家发展与战略丛书）

ISBN 978－7－5227－1729－6

Ⅰ. ①美…　Ⅱ. ①代…　Ⅲ. ①财政补贴—研究—美国　Ⅳ. ①F817. 123

中国国家版本馆 CIP 数据核字（2023）第 059277 号

出 版 人　赵剑英
责任编辑　郭曼曼
责任校对　韩天炜
责任印制　王　超

出　　版　中国社会科学出版社
社　　址　北京鼓楼西大街甲 158 号
邮　　编　100720
网　　址　http://www. csspw. cn
发 行 部　010－84083685
门 市 部　010－84029450
经　　销　新华书店及其他书店

印　　刷　北京明恒达印务有限公司
装　　订　廊坊市广阳区广增装订厂
版　　次　2023 年 4 月第 1 版
印　　次　2023 年 4 月第 1 次印刷

开　　本　710×1000　1/16
印　　张　15
插　　页　2
字　　数　168 千字
定　　价　78. 00 元

目　录

绪　论

一　研究范围

为探究美国近年来财政补贴制度的现状与影响，本书主要梳理了美国自奥巴马政府时期以来推行的财政补贴政策，分类梳理美国财政补贴政策发展的历史逻辑，并分析财政补贴政策的出台背景、原因与影响，总结经验教训，以此得到对中国财政补贴政策制定的启示。最后，分析美国财政补贴的未来走向，以便中国能够未雨绸缪，为应对美国未来的行动做好准备。

二　研究背景

财政补贴政策是指政府利用政府支出和税收来影响经济。政府通常利用财政政策来促进可持续的增长。从最近几次的全球或国际经济危机中，我们也不难发现财政补贴政策的作用和目的变得越来越突出。

越来越多的研究表明，世界各国合适且有效的财政补贴对社会稳定和经济发展都有着举足轻重的作用。无论是2008年国际金融危机，还是近年来的新冠疫情冲击，为了应对持续下滑的经济趋势，各国政府均已果断采取财政补贴手段，努力减轻危机对人民生活和经济发展的不利影响。当下，全球经济正面临衰退，如何更好更有效地运用财政补贴手段以提振国家经济发展并恢复人民生活水平，成为各国政府以及学界在财政方面的重点研究方向。

三　研究意义

从政府与市场关系角度看，财政补贴是立足于促进人的全面发展、着眼于化解公共风险、规范和引导个体和集体行为的一种财政规则。从国内与国外关系看，财政补贴问题的核心是如何看待国家战略与国际公平竞争的关系。就财政补贴而言，国际关系中从来就没有绝对公平，维护国家利益是第一原则，各国的国家利益和战略有差异，导致补贴总量与补贴集中领域不同。处在全球经济循环的不同地位，中国的补贴体系与西方发达国家必然存在重大差别。

本书拟通过重点研究自奥巴马政府时期以来，各届美国总统任期内推行的财政补贴政策的现状、作用机制与影响，为中国制定财政补贴政策提供启示。同时站在统筹综合的角度上，分类总结美国不同种类财政补贴政策的经验教训，总结反思中国各类财政补贴的优化方向，以便未来在相应领域内加以改进，从而推动经济高质量发展。

第一篇

美国历届政府财政补贴现状及影响分析

本篇以美国总统为划分界限，研究自奥巴马政府时期以来，各届美国政府所颁布的主要财政补贴政策的制度、现状及影响。特别需要指出的是，影响分析部分还包括前期补贴政策对美国当下经济发展的影响分析。总体而言，本篇旨在通过文献综述的方式为后续章节分析奠定基础。

第一章

美国财政补贴制度分析

第一节　财政补贴制度范畴及分类

根据世界贸易组织（WTO）颁布的《补贴与反补贴措施协议》（简称《反补贴协议》），补贴是指某一成员国政府或任何公共机构（any public body）向其境内的某一企业或某一产业提供财政资助（financial contribution）或对收入、价格的支持，结果是直接或间接地增加由其境内输出某种产品或减少向其境内输入某种产品因而对其他成员的利益造成某种损害的政府行为或措施。这一定义侧重于国际公平竞争。更广泛的定义是，财政补贴指政府这种特定主体提供的无偿支出，其结果会影响产品的相对价格结构，社会资源配置结构也会相应改变，甚至整个社会的供给和需求结构也会随之发生变化（陈共，2012）。

财政补贴可根据补贴目标、补贴形式等分类。刘尚希等（2019）指出，财政补贴政策目标涉及一系列选择与权衡，包括阶段性目标补贴与长期目标补贴、补“短板”与补“长板”、经济发展与社会发展、鼓励“出口”与提高“竞争力”等。对于补贴形式，WTO所颁布的《反补贴协议》中，提到了以下几种形式的补贴：现金补贴类，如赠款；税收优惠类，如免税、抵税或延期；承担风险类，如贷款担保；高于自由市场价格的政府采购类补贴；市场低迷情况下的购买股票、住房补贴、购车补贴等针对某一行业的救市类补贴。

财政补贴依据其实施效果的不同，可以分为经济类和社会类补贴，前者侧重于经济发展效率，后者更偏向于社会发展公平。根据具体补贴领域，上述两个类别可以进一步分类，经济类我们重点关注支持产业发展的科技、农业、能源等补贴，社会类重点关注医疗、就业、养老、住房等补贴。

第二节 美国财政补贴制度的特点

由于三权分立体制下政党轮替、党争激烈，美国的财政补贴在制定和实施过程中呈现出政策实施不连续以及效率低下的特点。

就政策不连续而言，由于美国两党频繁交替执政，不同党派的政策偏好不同，其采取的财政补贴政策也就带有明显的党派特征，从而可能会产生一定的政治风险。美国财政补贴的方式包括税收减免、直接拨款、贷款等。一般来说，民主党总统任期内的财政补贴以税收优惠为主，通过税收减免对特定产业进行补贴；而共和党总统任期内的补贴大多采取直接拨款的方式，以促进支持对象的发展。不同的党派主张导致财政补贴政策充满了随意性与不稳定性，对经济的刺激效果大打折扣。

就政策实施效率低下而言，美国实行三权分立制度，总统、国会与联邦法院之间相互制衡。尤其当一个政党控制总统职位而另一个政党控制着国会，或者国会参众议院被不同的政党所控制时，此时总统提出的政策就可能被国会驳回。因此，财政补贴政策从由总统提出到国会通过并最终落地实施，往往需要较长时间，导致政策效率低下、机会成本极高。即使补贴政策最终通过，也极可能由于两党相互妥协而使政策目标无法充分实现。

第二章

奥巴马任期财政补贴政策

奥巴马担任美国总统期间，他几乎所有的重大立法成功都发生在第一任期（2009 年 1 月—2013 年 1 月）内的 2009 年和 2010 年。奥巴马上任伊始，刚刚经历了次贷危机的美国经济陷入严重衰退。因此，奥巴马政府着眼于经济的提振复苏，颁布了规模庞大的财政政策《2009 年美国复苏与再投资法案》（*American Recovery and Reinvestment Act of 2009*，ARRA），该项法案也是奥巴马整个任期内涉及金额最大的法案。此外，“医改计划”（Patient Protection and Affordable Care Act，PPACA）作为 2008 年奥巴马在竞选总统时提出的政纲三大议题之一，也在其上任初期得以通过，这一计划旨在扩大美国医保覆盖率和降低医保支出，改善美国医疗体制低覆盖率、低效率和高成本的问题。

在奥巴马连任之前，情况就已发生了改变。奥巴马担任美国总统的前两年中，除部分政策受到两党共同支持外，大规模支出计划的通过还得益于参议院和众议院多数民主党人的帮助。美国第 111 届国会颁布了未来 10 年内总成本为 11030 亿美元的强制性支出计划，在奥巴马任期的前两年内，国会又将这一支出计划追加了 3290 亿美元。然而，共和党在 2010 年的选举中获得了众议院多数席位，在接下来的 6 年间，强制性支出扩张了 2650 亿美元，而自由支配支出（不包括“海外应急行动”预算）相对于 2009 年 1 月的基线削减了 5190 亿美元。这意味着奥巴马在任期的前两年支出增加了 14320 亿美元，在未来 6 年支出削减 2540 亿美元。Riedl（2017）指出，2010 年国会大选后，可自由支配支出大幅减少，强制性支出增加很大程度上仅限于两党支持的已有政策的延长。

在奥巴马的第二任期内（2013 年 1 月—2017 年 1 月），面对严峻的债务形势和政党上的不利地位，美国财政政策的主要目标转向增税减支以削减财政赤字，重塑预算平衡。这一阶段的财政支出优先安排教育、基础设施和创新，国防预算被大幅削减、海外驻军经费减少，并对养老医疗费用支出进行严格把控。2015 年 12 月 4 日，奥巴马签署了为期 5 年的《修复美国地面运输法案》（*Fixing America's Surface Transportation Act*，简称“FAST 法案”），该法案是奥巴马第二任期内涉及金额较为庞大的一项财政支出法案，旨在为未来 5 年美国公路、桥梁、轨道交通等基础设施建设提供资金。

还有一个需要关注的问题是，财政政策除对经济产生影响外，还会对自身的运行产生影响。奥巴马任期的大部分财政年度，美国财政赤字持续扩张，如何应对财政政策带来的债务压力，也是本章重点关注的问题之一。奥巴马政府时期主要财政政策梳理如图 2 - 1 所示。

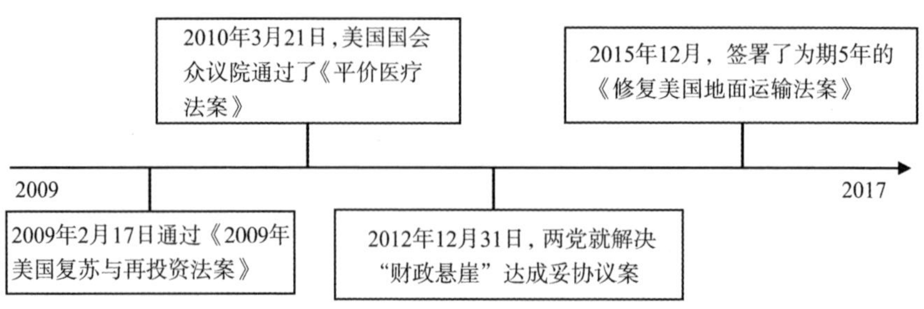

图2－1 奥巴马政府时期主要财政政策

第一节 《2009 年美国复苏与再投资法案》

一 出台背景

2008 年国际金融危机全面爆发后，美国经济陷入严重衰退，经济增速严重下滑，失业率急剧上升，私人消费、投资和出口锐减，其对经济增长的贡献占比也大幅降低。这是时任美国总统小布什在八年任期内所经历的继“9·11”恐怖袭击事件、阿富汗战争和伊拉克战争后的第四起震骇全球的大事件。小布什表示，尽管他主张自由市场原则，但是由于金融危机持续蔓延，不得不在很多经济部门采取激进的政府干预政策。2008 年 10 月，小布什签署了《2008 年紧急经济稳定法案》（*Emergenly Ewnomil Stabilization Act of 2008*），该法案涉及 7000 多亿美元的金融救援方案，以维护金融市场的稳定。

2009 年 1 月 20 日，奥巴马正式宣誓就任总统，肩负起复苏美国经济的重任。为了防止大萧条出现，他延续了实行大规模财政刺激计划的做法。2009 年 2 月 17 日，奥巴马签署了金额高达 7870 亿美元的《2009 年美国复苏与再投资法案》，该法案主要包括结构性减税及对基础设施和再生能源的投资，旨在促进私人消费需求的复苏和减少失业，侧重于提振需求以刺激经济复苏。

《2009 年美国复苏与再投资法案》实质上包括了一系列的财政刺激政策。在第二次世界大战后的近 60 年中，凯恩斯主义的扩张性财政政策是美国面临经济放缓时使用的最主要的政策工具，需求侧政策往往能更快速地起到刺激经济的作用。回顾美国财政政策历史沿革，在第二次世界大战后的近 60 年中，每当美国面临经济放缓局面时，政府都会遵循凯恩斯主义的赤字财政理论，在短期实行财政刺激扩大有效需求，在长期增加财政支出以提高经济长期增长率（王汉儒，2009）。但在美国次贷危机前的一段时期内，大部分西方经济学家并不看好这一类财政政策，指出了使用财政刺激以提振经济的种种缺陷。尤其是 20 世纪 70 年代因扩张性财政政策而造成的滞胀局面，降低了人们对财政政策的信心。一方面，在国内和国外两个渠道上，由于扩张性财政政策带来的巨额财政赤字和需求流出及汇率上升，使凯恩斯乘数小于预期；另一方面，经济学家很难准确判断经济处于周期的哪个阶段，尤其很难识别经济发展趋势。在这些不确定因素下，扩张性财政政策对经济的影响不仅在很大程度上具有不确定性，甚至有可能增加经济的波动。此外，财政政策的经济效果也存在时滞效应。相较于财政政策，经济对货币政策会做出更快的反应。

而在美国次贷危机后，使用财政刺激政策来救市师出有名。Feldstein（2009）认为，美国次贷危机下扩张性财政政策再次进入人们的视野，是由于次贷危机下的衰退与此前的经济衰退根源不同。此前经济衰退的根源在于美联储大幅提高利率以对抗通胀，可以通过政策反转即降低利率来应对；但美国次贷危机下，经济衰退源于风险定价过低及其所带来的过度杠杆化，信贷市场功能失常，利率变动难以刺激经济复苏，因此扩张性财政政策是有必要的。对于 Feldstein 的这一观点，也有学者提出了质疑，项本武（2009）认为，Feldstein（2009）忽略了美国为应对经济下滑，从 2001 年年初就加大了使用以减税为主的财政刺激政策的频率的事实。但不容置疑的是，20 世纪美国经济衰退多源于美联储货币政策的收紧，同时也要注意到，2001 年美国的经济衰退就已经表现出了不同于往次经济危机的特点，这次危机是由互联网业务的繁荣和随后的萧条引起的，因此项本武对 Feldstein 质疑中所使用的证据可能并不是那么有力。此外，在《2009 年美国复苏与再投资法案》出台后，经济衰退于 2009 年第三季度结束（GDP 增速转为正数），这也是不争的事实。

二 法案目的、内容及特点

法案目的：

该法案的直接目的是促进私人消费并增加就业岗位，以刺激私人消费需求的复苏。据奥巴马政府预算报告称，该法案的实施将为美国增加至少350万个就业岗位。

该法案的主要目的为：

（1）保留并创造工作机会及促进经济复苏；

（2）援助受经济衰退影响最严重的个人或者机构；

（3）通过激励科学和健康方面的技术进步来增加提高经济效率所需的投资；

（4）投资于交通、环境保护和其他会带来长期经济效益的基础设施；

（5）为了避免基本服务的缩减以及国家和地方的税收达不到预期的增长，必须稳定国家和地方政府的预算。

法案内容：

该法案涵盖的领域包括基础设施建设、教育改革、节能系统的改造和完善、医疗设备的添置、网络系统的更新、清洁能源的开发等。

该项法案的主要内容包括：启动大规模的基础设施建设计划；更新联邦建筑物旧的暖气系统，使联邦建筑节能化；为全国学校安装节能系统，为教室购置新计算机；在全国范围扩展宽频网络系统，使更多的人能够使用互联网；更新医疗机构的设备，推进病历电子化，并给低收入阶层提供医疗保险；实行总额为2750亿美元的减税计划，以刺激居民消费支出；推进清洁能源的开发，以进一步提高环境治理等。在税收方面，该法案也包括了具体数额的减税措施，以促进私人消费需求的增加。

法案所涉及7870亿美元财政支出的具体用途如下（见表2－1）。

表2－1　ARRA资金用途　（单位：亿美元）

涉及金额	资金去向	具体用途
2883	减税和税收直接支出计划	这一计划预期在2009年减少税收648亿美元；738亿美元对税收的直接支出，主要用于再融资税收的信贷，这一计划在2009年将支出48亿美元。企业，尤其是许多小型企业和个人将享受到大量的税收减免优惠，从而减轻企业和个人的税务负担，进而增加企业和个人的收入，增强消费信心以刺激经济的复苏
900	政府财政纾困计划	这一计划预期在2009年支出339亿美元。该计划旨在经济衰退期间为各州提供财政纾困，保护并维持国家医疗补助计划的顺利执行
712	对于劳动、健康和人权服务、教育及相关部门的预算内支出	这一计划预期在2009年支出68亿美元。这一部分计划对提高美国的医疗投入、医疗技术投入以及教育科研投入，重振美国的科研实力与提高劳动生产率增速，从而提高美国的要素生产率意义重大
618	交通运输以及城市发展部门的预算内支出	这一计划预期在2009年支出55亿美元，投入高速公路及其他交通运输设施、公共房屋资本基金及其他房屋援助措施中

续表

涉及金额	资金去向	具体用途
507	能源与水资源发展的预算内支出	这一计划预期在2009年支出31亿美元，是美国历史上最大规模推动绿色能源产业的计划
2250	其他	N. A.

法案特点：

该法案体现出以下几个特点。

（1）兼顾短期经济复苏和长期经济发展。7870亿美元中，一部分资金直接发放给消费者以支持消费市场，着眼于短期经济的迅速复苏；还有一部分通过投资基础设施和再生能源来增加就业，并注重人力资本的积累提升，这一部分有利于经济的长期发展。

（2）短期经济复苏方面，结构性减税是亮点。减税对象主要是中产阶级及以下人群，对富裕人群则实施增税措施，这使中产阶级成为该法案中受益最大的群体。

（3）长期经济发展方面，产业政策体现出新能源战略思想。该法案对绿色能源产业发展予以大力支持，对新能源的重点投资反映出美国经济发展的战略思想：在推动经济复苏的基础上实现国家能源独立和新能源领域的扩张。

总的来说，该法案作为奥巴马新任美国总统后第一个大规模的综合性财政法案，涵盖领域广泛，既体现了奥巴马政府扭转美国在国际金融危机之后经济疲软表现的决心，又反映了美国未来经济发展的新走向。

三 法案实施效果

（1）根据宏观模型分析预测结果，对于 ARRA 法案能否发挥 GDP 乘数效应未得到一致结论

该法案出台时，众多学者和机构对其刺激效果进行了预测。

根据凯恩斯主义的理论，大规模的财政刺激可以通过弥补需求不足，带动经济复苏。基于凯恩斯主义理论，Romer 和 Cogan 等学者对 ARRA 法案的支出乘数做出了预测。Romer 和 Bernstein（2009）基于美联储的 FRB/US 模型及宏观经济顾问公司（Macroeconomic Advisers）使用的模型进行预测，数值模拟估计得到，一个百分点 GDP 规模的财政支出持久增加将使 GDP 增长 1.57%，对应约 100 万个工作岗位增加，总体而言，该项法案在 2010 年使 GDP 增长约 3.7%，工作岗位增加了 367.5 万个。Cogan 等（2010）指出 Romer 和 Bernstein 的预测存在的缺陷并基于动态随机一般均衡模型，进一步预测得到：假定 2009—2010 年联邦基金利率维持在零利率水平时，一个百分点 GDP 规模的政府支出持久增加在 2010 年使实际 GDP 增加了 0.61%；若假定联邦基金利率仅在 2009 年维持在零利率水平，之后随经济状态而变动，则这一影响是 0.48%。

Taylor（2011）在预测中所考虑的因素，与被 Barro 称为“李嘉图等价”的观点更为接近。由于在对 2008 年经济刺激方案的实证检

验中，结果表明税收和转移支付对消费的影响并不显著，在预测中，他对刺激方案中不同部分支出的乘数进行调整，使用与 Romer 和 Bernstein 相同的模型计算，结果表明总体财政刺激方案只能创造 50 万个工作岗位。

（2）ARRA 法案对就业的拉动效应主要来自政府部门就业岗位的增加

在《2009 年美国复苏与再投资法案》实施几年后，陆续有学者使用实证模型评估了该法案的经济效应，由于对 ARRA 法案有效性的争论主要集中在就业方面，研究主要关注 ARRA 法案对就业的影响。ARRA 法案中包含了一些联邦政府对各州转移支付的条款，这提供了使用横截面数据检验该法案实施效果的机会。

一些研究表明，ARRA 法案中的财政刺激显著的乘数效应，主要是创造了更多的就业岗位。Chodorow - Reich 等（2012）使用美国不同州在国际金融危机前的医疗补助支出水平作为工具变量，建立计量模型，检验了 ARRA 法案中联邦政府对州的医疗补助资金转移支付对各州就业的影响，结果表明，10 万美元的医疗补助资金的边际转移支付增加了 3.8 个工作年度的就业岗位，其中 3.2 个就业岗位是由政府、卫生和教育以外的部门所创造的。一些学者在更大范围上，探究了联邦政府对州的转移支付总额对就业水平的影响。Feyrer 和 Sacerdote（2011）使用横截面工具变量的估计结果表明，截至 2010 年 10 月，非农部门创造或者说保护一个工作岗位的成本为 17 万美元，这意味着每百万美元支出的就业乘数约为 6。Wilson（2012）估计得到的结果比 Freyer 所发现的大得多，他使用一系列工具变量对联邦政府对州的转移支付的效果进行估计，结果表明，使用最终支付数据来衡量转移支付水平时，2010 年 9 月和 10 月的转移支付的支出乘数约为 16。在 ARRA 法案出台的第一年，每 100 万美元支出产生约 8 个工作岗位，推至国家层面，估计表明 ARRA 法案中的支出在实施的第一年创造或者挽救了约 210 万个就业岗位，占法案实施前非农业就业总人数的 1.6%。

但也有一些学者并未发现 ARRA 法案的积极影响。Conley & Dupor（2011）亦使用了工具变量方法，使用支出义务来衡量该法案中转移支付水平，评估联邦政府对各州转移支付对非农就业的影响。但他们假设，1 美元的 ARRA 法案中的支出所提供的有效刺激越大，州政府在该法案实施之前的税收收入越低，他们发现，截至 2010 年 9 月，ARRA 法案中的刺激虽增加了政府部门的就业，但减少了一些私营部门的就业，基本上没有对非农就业总量产生净影响。Taylor（2011）对 ARRA 法案和此前两项美国财政刺激举措的实证分析结果表明，这三项刺激对消费没有产生积极影响。虽然这一结果与 Barro 所提出的“李嘉图等价”模型相一致，但 Taylor 承认，如果刺激计划的重点是直接扩大政府采购，而不是减税和直接转移，刺激计划实际上可能是有效的。Taylor 指出，在这三项刺激方案的实行中，虽然联邦政府扩大了政府采购，但数额不大；各州和地方政府使用获得的转移支付来减少借款，而非增加支出；并且他们将支出从购买转向转移；而个人和家庭在很大程度节省了获得的转移和退税收入。

（3）整体而言，ARRA 法案发挥了稳经济、保就业作用，但未能打开经济新局面

整体来看，统计数据显示，ARRA 法案并未能促成强劲的经济复苏。截至 2009 年 2 月，美国劳工统计局公布的非农失业率为 8.3%；直到 2011 年 9 月，失业率仍维持在 9% 以上。经济复苏具有脆弱性，这可能与 ARRA 法案中投入规模较高的领域乘数效应较为微弱、而在乘数效应较大的领域投入不足有关。ARRA 法案弥补了失业者的收入损失以及各州和地方政府收入的严重短缺（Pollin & Thompson，2011），为支撑美国经济总需求做出了重大贡献。但 ARRA 法案为经济注入的新的净支出少之又少，其整体刺激效应较弱也就实为意料之中了。

首先，对个人的转移支付及减税作为乘数效应较为微弱的财政政策，占该法案资金总规模的比例很高。根据 Pollin（2012）按照不同类型政策划分的 ARRA 法案资金规模，这两部分所需资金分别占该法案总规模的 35% 和 24%。Pollin 将 ARRA 法案分成了不同的基本组成部分，包括：35% 的向个人的转移支付，其中最大的组成部分是失业保险；24% 的减税，其中大部分用于高收入家庭和企业；22% 的州和地方政府支出，平均分配给医疗保健和教育；19% 的基础设施支出，包括非传统领域的支出，如绿色经济，以及传统领域的交通、水管理和能源传输。此外，个人和家庭是否会将转移支付收入和减税获得的收入用于消费本身就存在争议；与此同时，在经济衰退期间，随着金融泡沫破裂，家庭财富的下降削弱了个人和家庭增加支出的意愿，这

进一步削弱了减税和转移支付的乘数效应。从2006年到2008年，美国实际家庭财富下降了17.6万亿美元至53.1万亿美元，仅仅两年内下降了近25%。

其次，该法案中22%的资金用于对州和地方政府的支出。在州和地方政府收入严重短缺以及失业者收入严重损失（Pollin & Thompson，2011）的背景下，这些资金主要被用来减少借款而非增加支出，且支出更多是用于转移而非政府购买（Taylor，2011）。

最后，在乘数效应较大的基础设施支出领域，一方面，该部分支出规模相对较小，仅占ARRA法案资金规模的19%；另一方面，基础设施支出相关资金注入经济的速度相对较慢（Pollin，2012）。

虽然Pollin（2012）认为，严重的经济衰退对复苏造成了巨大障碍，但他也指出，如果没有ARRA法案，美国的经济衰退将会严重得更多。Pollin提出，经济衰退的背景下，需要通过持续的大规模赤字，尽可能保持家庭支出的稳定；同时也需要制定能够牵线搭桥的政策，帮助在经济进入可持续复苏轨道后，使赤字回到占GDP的2%—3%的水平。

第二节 《平价医疗法案》

一 出台背景

种种历史因素影响下，美国医疗服务多由私人提供。但在医疗领域存在着严重的信息不对称，由此产生了道德风险、逆向选择等一系列问题，即使引入保险体系，这些问题也难以得到彻底解决。在《平价医疗法案》出台前，美国的医疗体制存在诸多弊端，低覆盖率、低效率和高成本是其中三大主要问题（王俊等，2010）。由于政党意见不一、相关利益集团的大力反对等，全民医保难以实现。该项法案出台前，美国大约有 4990 万人没有医疗保险，保险人和投保人之间健康风险信息不对称所导致的逆向选择，是参保率低下的主要原因（Hackmann et al.，2012）。其次，王俊等指出，美国医疗体制中，医生普遍花费大量时间精力用于应付医疗保险、授权和诉讼事务，医疗体制运行效率低下，使医疗服务的质量也得不到切实保障。同时，医疗保险支出增长速度亟待降低，2000—2008 年，医疗保险支出占同期财政支出和当年 GDP 的比重逐年稳定增长。在法案出台前的 50 年内，美国的医疗保险支出平均比人均实际 GDP 增长快 2—2.5 个百分点。企业对医疗保险支出的税务处理、医生的过度医疗行为等，均是造成这种不可持续的支出增长率的原因。

从财政支出来看，虽然奥巴马政府与小布什政府都采取了大幅增加财政支出的措施，但不同的是，奥巴马政府不再将支出用于战争，而是用于改善本国人民的生活环境，如宽带、高铁等基础设施建设、教育、医疗保险改革、生物医药、新能源开发及信息技术的创新。2010 年 3 月，美国国会通过了奥巴马政府的《平价医疗法案》。同年 12 月，国会又通过了美国全面医疗改革法案，这也是美国历史上第一次将全美合法居民的医疗保险计划覆盖率提高到 95%。在该法案中，除了加大对患者的补贴和医疗设施投入外，还对医疗税收和医改补助制定了更加严格的规范，以便在不额外增加新的赤字的前提下完善医疗体系。

二 法案内容

该法案的主要内容包括：扩大公共医疗保险范围，提高对中低收入家庭的补助；对雇主支付职工医疗保险提供选择及补贴；建立新的国家保险市场；加大对基础医疗设施投入，转变对医疗保险提供者的补偿机制等（王俊等，2010）。

该法案计划在 10 年内耗资 8710 亿美元，这些资金全部来自财政拨款。新医改方案计划建立财政收支平衡机制来为医改法案提供资金支持，机制主要包括：修复税收漏洞，严格执行医疗税收优惠政策并征收行业费，制定适度消费税，对医疗设备制造商征收消费税，对销售高成本医疗保险计划的保险公司收费，规范医疗保险费用（王俊等，2010）。

三 法案实施效果

《平价医疗法案》颁布后不久，美国国会预算办公室（CBO）估计该法案将获得 5260 亿美元的收入，主要来自卫生行业和高收入家庭的税收，并在 2009—2019 年支出 4010 亿美元——净赤字减少

1250 亿美元。对于 PPACA 法案是否能够降低医保成本，Wilenskey（2011）主要围绕该法案中两项旨在对支出产生直接影响的策略——对高成本医疗保险计划征收所谓的“凯迪拉克税”（cadillac tax），以及建立独立支付咨询委员会（Independent Payment Advisory Board，IPAB），发表了看法。对于凯迪拉克税，一方面，这项税收最终可能将被转嫁给雇员；另一方面，这一税收的门槛非常高，Wilenskey（2011）指出，很难看出这一规定会对医保成本的降低产生多大影响。至于建立 IPAB，这是一项更加直接地控制医保支出的计划；该计划规定，从 2005 年开始，如果医保支出超过 GDP 的一定比例，IPAB 将向国会提出具有约束力的建议，以减少医保支出。Wilenskey 认为，在按照规定执行的前提下，IPAB 减缓医保支出的可能性显然存在。

从 PPACA 法案的实际效果来看，该法案实施后，大幅增加的税收和医保支出的削减超过了新增的医疗福利成本，从而使 2009—2019 年的预算赤字减少了 2750 亿美元。但与此同时，该法案的资金支持大部分来自税收而非赤字的削减，医疗福利的成本并未得到很好控制，受退休人口剧增和医疗费用上升的影响，2008—2016 年间，联邦社会保障和医疗福利支出飙升了 59%。立法者若要关闭日益增长的预算赤字将变得更为困难。同时，医疗福利支出也在持续增加，平衡长期预算更加困难（Riedl，2017）。

第三节 《修复美国地面运输法案》

一 出台背景

2015 年 12 月，时任美国总统奥巴马签署了为期 5 年的交通基础设施建设法案《修复美国地面运输法案》（*Fixing America's Surface Transportation Act*，FAST 法案），该法案通过完善交通基础设施建设，既有助于在短期内刺激美国经济，又为长期经济发展奠定了交通基础。

美国财政政策重心由稳保经济向发展经济倾斜，与当时稳中向好的经济背景相适应。一直以来，基础设施建设作为乘数效应较大的领域，都是政府拉动经济增长的重要财政手段之一。2015 年，美国经济复苏态势良好，失业率在 2015 年 11 月降到了 5%，达到 2008 年 4 月以来的最低水平，密歇根大学消费者信心指数的全年月度平均值也达 2004 年以来最高，种种迹象表明美国经济正处于稳步复苏之中。

二 法案内容

该法案将为未来 5 年美国公路、桥梁、轨道交通等基础设施建设提供资金。融资共计 3050 亿美元，其中约 2050 亿美元将用于高速公路建设，约480亿美元投资于轨道交通项目。该法案还将重振美国进出口银行（Export－Import Bank），甚至恢复农作物保险补贴。

三　政策实施效果

该法案是十多年以来为美国地面交通提供长期融资的首个法案，也是《2009年美国复苏与再投资法案》后，首个大规模刺激经济的一揽子财政政策，相较于《2009年美国复苏与再投资法案》将大量资金用于弥补居民、企业、政府部门的收入损失，《修复美国地面运输法案》的出台对经济起到了直接刺激作用。

第四节　"财政悬崖"问题

一　法案背景

奥巴马任期的大部分财政年度，美国财政赤字持续扩张。2009年奥巴马上台伊始，美国财政赤字高达1.42万亿美元，是2008年财年的3.1倍，赤字率由2008年的3.2%激增至10.0%，联邦政府债务增至6.71万亿美元，占GDP的47.2%。2011年8月2日，美国债务规模即将超过当时的债务上限，美国政府面临着违约风险。在这一严峻形势下，民主、共和两党之间达成了提高债务上限的紧急方案，并设立了触发机制，即若两党在2013年1月1日仍未达成共识，则“自动削减财政支出机制”将被启动。此外，由于在2013年1月1日前，小布什政府所延续下来的减税政策即将到期，因此这一时间节点上美国财政骤然紧缩，财政支出曲线呈现状如“悬崖”的形态。时任美联储主席伯南克提出“财政悬崖”一词，来描述美国财政突然性紧缩的现象。

经过激烈的谈判，两党最终在2012年12月31日就解决“财政悬崖”达成妥协议案，2013年1月1日，国会参众两院投票通过了该议案，该议案主要在税收方面给出了缓解“财政悬崖”的方案。

二 相关财政政策

解决“财政悬崖”妥协议案主要从缓解税收压力方面给出了相应的方案。主要内容包括：从2013年起，对于年收入超过40万美元的个人、年收入45万美元以上的家庭，个人所得税税率从之前的35%上调至39.6%；同时，股息和资本收益税率由之前的15%上调至20%。对于价值超过500万美元的遗产，遗产税税率由35%上调至40%。同时，该议案中，一些即将到期的税收减免政策也得到了延长，例如，该议案将失业救济金政策延长一年，将《2009年美国复苏与再投资法案》中的减税措施延长5年。

与此同时，在支出端，2013年年初“自动削减财政支出机制”也被启动，根据2011年达成的协议，国防预算被大幅削减，海外驻军经费减少，对于养老医疗费用支出严格把控，教育、基础设施和创新支出则被优先安排。

三　政策实施效果

妥协议案通过后，一些分析人士指出，该议案并未对美国财政支出最大的三项内容进行削减，而一味强调加税，沉重的税收负担会抑制市场需求。时任奥巴马政府削减开支委员会主席阿兰·辛普森（Alan Simpson）和厄斯金·鲍尔斯（Erskine Bowles）表示，“财政悬崖”妥协议案使美国失去了解决长期债务危机的机会。美国彭博社《新闻周刊》则指出，相较于增税减支，振兴美国经济应着眼于提高债务上限，通过发行债券集资来促进本国经济发展。

奥巴马离任时，2009—2019 年预算赤字估计为 8.93 万亿美元，这是 2009 年预测值 4.32 万亿美元的两倍多。GDP 的表现也不容乐观。2012 年 10 月，国际货币基金组织预测在奥巴马的第二个任期，美国 GDP 年均增长率将达到 3%，但事实上，四年内美国年均 GDP 增速不到 2%，美国经济复苏仍旧疲软。

第五节　奥巴马财政政策总体评价

奥巴马第一任期内所面临的突出问题是，次贷危机背景下美国经济的严重衰退，其出台的财政政策避免了美国经济陷入更加糟糕的局面，但也导致了赤字的扩大（详见图2－2）。在美国次贷危机全面爆发的背景下，《2009年美国复苏与再投资法案》为支撑美国经济总需求以创造就业岗位和稳定经济做出了贡献，但在牵线搭桥以帮助经济进入可持续复苏的轨道方面有所欠缺。法案中大部分资金用于弥补家庭和政府的收入损失，且家庭财富的减少进一步削弱了财政扩张对消费的刺激作用，总体上，用于投入经济以拉动经济发展的净支出不足。奥巴马政府在推动医保范围扩大方面也做出了巨大贡献，但由于医疗补贴政策的不完善，该政策推动了美国赤字进一步扩大。

面对巨大的赤字规模，奥巴马第二任期内的政策转向了增税减支以削减财政赤字，重塑预算平衡。在这一时期，美国财政赤字规模成功缩小，经济增长虽乏力但整体运行较为平稳，由此也可见结构性财政政策在平衡赤字与经济增长中的独特优势。

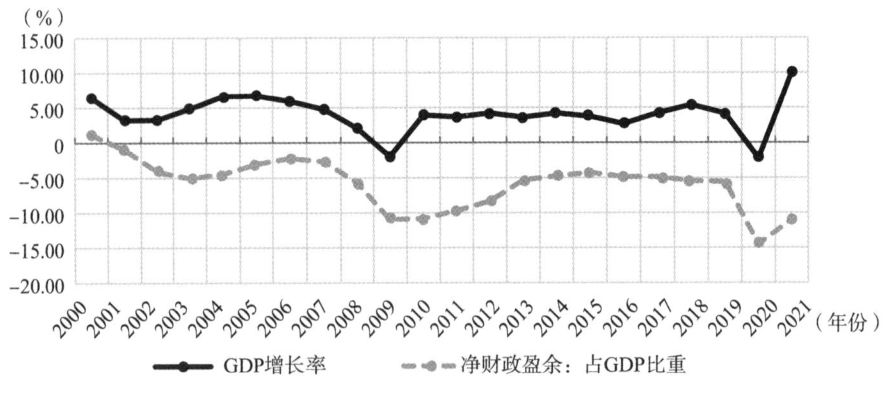

图2－2 2000—2021年美国赤字与GDP变动

资料来源：BEA Data，https：//www. bea. gov/data。

第三章

特朗普任期财政补贴政策

关于特朗普政府时期美国整体背景有以下三个特点。

首先，美国长期处于发展停滞状态。进入21世纪以来，美国经济发展持续乏力。卢锋（2017）指出，长期潜在增速大幅回落使久居霸主国地位的美国深感忧虑失落。其中，美联储从2001年以来不断降息，直至接近零利率的极低水平，同时一直保持量化宽松货币政策。但结果是，美国经济增速并没有因此改善（详见图3-1），美联储总负债占GDP比例从2007年的6.3%飙升到2014年超过25%的峰值水平，美国联邦政府债务率也上升到100%以上。对此，特朗普认为，全球化下美国企业产业外包导致美国空心化严重，是美国经济增长的主要障碍，对此，当务之急是推动美国制造业的恢复和发展、吸引优质企业进入美国。

其次，美国财政支出大，财政赤字严重。为应对次贷危机，2007年奥巴马政府利用积极的财政政策，实施量化宽松货币政策、扩大基础设施建设、增加福利支出，从社会保险、医疗保险、收入保险等方面保障低收入家庭、失业者的生存。但由于受到次贷危机的冲击，美

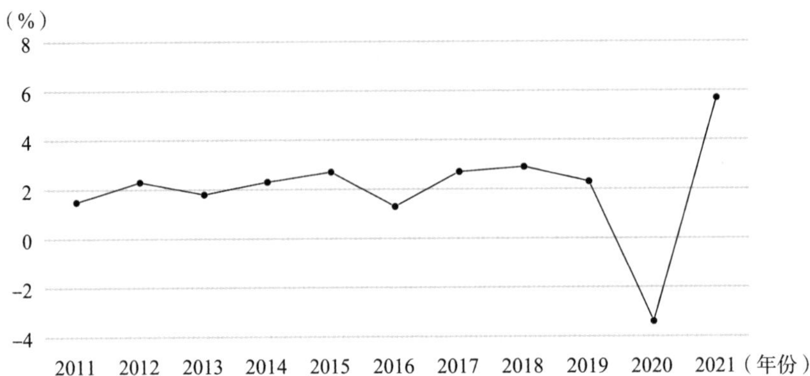

图 3－1 2011—2021 年美国 GDP 年均增速

国经济总体收缩，财政收入下降，同时财政支出上升，导致财政赤字在 2019 年数值为 9840 亿美元的峰值（详见图 3－2）。一方面，为缓解财政赤字的压力，特朗普增加了税收，并减少了税收优惠、福利支出。另一方面，为促进经济发展，扩大税收基础，特朗普也采取了加大基础设施建设等措施，总体而言，财政赤字并没有显著下降。

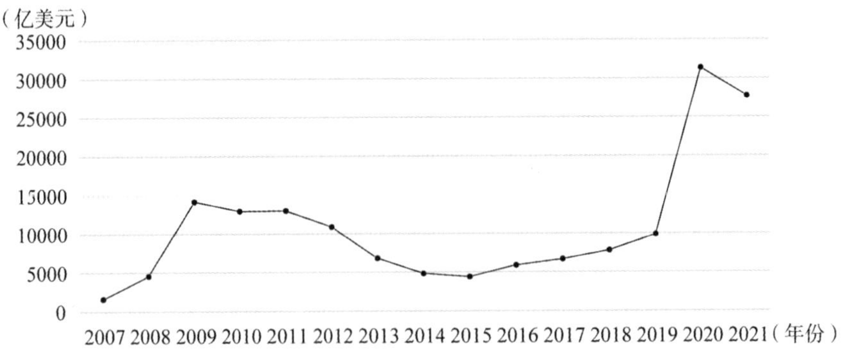

图 3－2 2007—2021 年美国财政赤字变化趋势

最后，美国收入差距大，社会矛盾明显。一方面，全球化使美国企业产业链外包，导致部分中低收入家庭失去工作岗位，同时限制了收入提高的空间。另一方面，互联网行业和金融行业的快速发展使高收入人群扩大，互联网技术和金融服务的发展也使企业的快速扩大、并购、收购逐渐流行，进一步拉高了高收入的上限。此外，移民人数的上涨进一步激化社会矛盾。据美国人口调查局统计，2009—2015 年合法和非法移民总数增加了 400 万。为缓解该矛盾，特朗普政府尝试通过税改等措施缓解，但由于共和党崇尚“自由主义”，故并没有采取强硬措施缩小收入差距。

第一节　特朗普政府时期主要财政政策

2016 年，特朗普以“让美国再次变得伟大”“美国优先”“法律和秩序”为口号参加美国总统大选。2016 年 11 月 8 日，特朗普击败民主党总统候选人希拉里 · 克林顿，当选第 45 任美国总统，并于 2017 年 1 月 20 日在首都华盛顿宣誓就任。2020 年 12 月，特朗普败选，连任失败，2021 年 1 月 20 日任期正式结束。在这四年里，特朗普政府在贸易政策、调整外交、军事调整等方面都取得了较大成就，其中财政方面是较为突出的亮点之一。

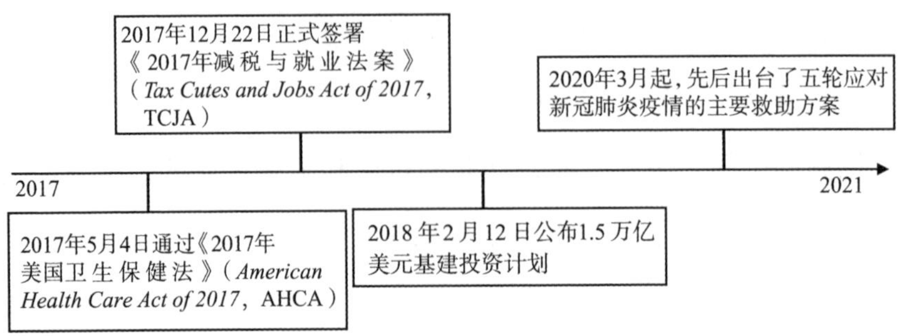

图3-3 特朗普政府时期主要财政政策

第二节 《2017年美国卫生保健法》

一 出台背景

此前，奥巴马政府时期实施的《平价医疗法案》虽然维护了绝大多数美国公民的医疗权益，使美国96%的人拥有了医疗保险，但是增加了国家财政、企业和个人的负担。国家财政方面，2015年，美国的医疗保健费用约为3.2万亿美元，平均每人约一万美元。主要费用类别包括医院护理（32%）、医生和临床服务（20%）和处方药（10%）。美国在2016年的健康支出占GDP的比重为17.2%，大大高于其他经合组织国家，而紧随其后的国家（瑞士）为12.4%。对于企业而言，雇用50人以上的企业被要求给所有雇员提供医疗保险，如果违反，企业在60天内则将面临每个未买保险的员工400美元的惩罚，并且该惩罚在60天后会变为每人600美元。对于个人而言，如果不为自己购买医疗保险，那么他将面临惩罚性的税收。作为低收入家庭，即使保费仅为3.8%的投资收入税，也是一笔开支。而作为中收入家庭，一方面，医疗保险主要是由中等收入和高收入家庭负担费用，中等收入家庭并没有享受税收优惠；另一方面，享受医疗保险的低收入家庭部分为非法移民、吸毒人员等社会不稳定人群，中等收入家庭并不认同救济这类人群。

此外，共和党并不认可政府过度干预市场。“奥巴马医改”中包括“不得拒保”等规定，限制了市场自由，违背了资本主义市场主导的观念，损害了保险公司的利益。对应地，保险公司为了维护自身利益，只能不断提高保费来增加抗风险能力，这进一步加剧了“奥巴马医改”的不稳定性。

二　法案内容

表3－1　　《2017年美国卫生保健法》主要内容

1	取消雇主和个人强制令及相关处罚，代之以一次性保费增加30%之前在指定时间段（63天）内没有保险的人
2	允许各州确定基本健康福利，即保险单内容
3	基于年龄计算支付保险费的税收抵免和补贴，并取消减少自付费用的“成本分摊补贴”
4	通过具有类似于高风险池功能的“长期州稳定和创新计划”，向健康保险公司提供资金，以稳定保费并促进市场参与

续表

5	通过使用较低的通货膨胀指数来限制非残疾儿童和非残疾成人的每位参与者支付的增长，从而减少相对于现行法律的医疗补助支付
6	废除对根据《平价医疗法案》建立的高收入者征税，废除对健康保险提供者的年费，并推迟对高保费健康计划征收消费税
7	允许保险公司向老年人收取的保费是年轻人的五倍，除非国家设定不同的限制
8	取消可能用于保险公司管理成本和利润的保费份额（即“最低医疗损失率”）的上限

表3-2 奥巴马政府时期《平价医疗法案》和特朗普政府时期《2017年美国卫生保健法》内容对比

	《平价医疗法案》	《2017年美国卫生保健法》
强制参保	个人没有参保将受到所得税罚款； 要求雇主负担员工保险	没有对个人或雇主的要求； 保险公司可以对保险失效超过63天的消费者征收一年30%的附加费
保费援助	基于收入的保费补贴，将补贴后成本限制为收入的某一比例	基于年龄的可退还税收抵免，直至收入达到一定标准
自付费用援助	有税收抵免	无税收抵免
医疗补助	为符合资格的任何人匹配联邦资金到州； 将补助水平扩大到贫困水平收入的138%	从2020年开始，根据人均上限授予各州的联邦资金； 各州可以选择扩大医疗补助水平，但联邦将减少对这些额外部分的支持； 让各州对医疗补助接受者施加工作要求

续表

	《平价医疗法案》	《2017 年美国卫生保健法》
保费的年龄差异	保险公司可以对老年参保人征收 3 倍险金	保险公司可以对老年参保人最高征收 5 倍保险金，各州可以自行决定去除这一限制
基本卫生福利	保险公司被要求提供 10 项基本卫生福利	个人投保计划被要求提供 10 项保健福利金； 一些医疗救助项目不涵盖精神疾病和药物滥用方面的保护
背景调查	保险公司被禁止对背景调查有问题的人拒绝担保或提高保费	各州可以允许保险公司对背景调查有问题的人提高保费
限额	保险公司不允许设置限额	保险公司可以对个人设置相关限额
其他税收	3.8% 的投资收入税； 对收入高于 200000 美元的个人或收入高于 250000 美元的家庭征收 0.9% 的税； 基于计划的健康保险提供商公司的费用； 2.3% 的医疗器械税	取消四项税收

三　政策实施效果

特朗普政府时期的《2017 年美国卫生保健法》直接导致了医疗保险覆盖率下降、医疗补助大幅减少。据美国国会预算办公室估计，与《平价医疗法案》相比，2018 年美国医疗保险覆盖人数减少 1400 万人，2020 年将减少 2100 万人，2026 年将减少 2400 万人。虽然这会缓解政府的财政压力，但是《2017 年美国卫生保健法》减少了相关税收对国民收入的再分配，这将加剧收入不平等的社会问题。

一方面，《2017 年美国卫生保健法》在短期内缓解财政压力的效果显著。据美国国会预算办公室估计，《2017 年美国卫生保健法》在十年内将相对于现行法律的赤字减少 3370 亿美元。在此期间，虽然相关的税收收入将减少 9000 亿美元，但是医疗补助支出将大幅削减约 1.2 万亿美元。另一方面，《2017 年美国卫生保健法》将进一步加剧收入差距。在《平价医疗法案》中，高收入群体被要求上缴两项税收，即对个人收入超过 200000 美元或家庭收入超过 250000 美元的人群征收 0.9% 的医疗保险工资附加税，并对净投资收入征收 3.8% 的税。同时，《平价医疗法案》主要的受惠人群为低收入家庭，因此显著减少了税后收入和转移支付后的收入不平等。相比之下，《2017 年美国卫生保健法》基本废除了所有税收、罚款和费用。美国税收政策中心在 2017 年 3 月估计，《2017 年美国卫生保健法》将为富人显著减税：一般来说，收入超过 50000 美元的人会看到减税，而收入低于 50000 美元的人会看到税收增加；收入低于 10000 美元的人也会看到减税，但这种好处将被医疗补助可用性的减少所抵消。

第三节 《2017 年减税与就业法案》

一 出台背景

特朗普在 2017 年 8 月 30 日公布其税收改革的目标时，表示希望通过简化税法、降低公司税、为中产阶级减税、鼓励美国企业将囤积在境外的利润汇回国内这四大税改目标来提振美国实体经济。2017 年 12 月 22 日，美国总统特朗普正式签署《2017 年减税与就业法案》（*Tax Cutes and Jobs Act of 2017*，TCJA），于 2018 年起实施，其中个人所得税和遗产税有效期到 2025 年。

二 主要内容

该法案涉及个人所得税、企业所得税、跨境所得税和遗产所得税等多个税种，主要内容包括降低税率、扩大税基、简化税法等政策调整（详见表 3 -3）。

表 3－3　　　　《2017 年减税与就业法案》主要内容

税收类型	主要税收改革
个人所得税	（1）降低税率，保持七级累进税率，其中，最高边际税率由 39.6% 降低为 37%； （2）提高标准扣除，个人申报标准由 6500 美元提高至 12000 美元，夫妻共同申报由 1.3 万美元提高至 2.4 万美元，户主申报由 9550 美元提高至 1.8 万美元； （3）加大减免优惠； （4）提高个人替代性最低税负制（AMT）门槛
企业所得税	（1）C 类公司（股权有限公司）税率从 15%—35% 的累进税率降低为 21% 的单一税率，独资企业、合伙企业和 S 类公司（无限责任公司）仍穿透企业对符合条件的经营所得征收个人所得税，但允许抵扣 20% 的所得； （2）2017—2022 年 5 年内发生资产投资成本由折旧摊销改为 100% 费用化（不包括房地产）；利息支出由税前全额列支改为按不高于扣除利息、税项、折旧和摊销前利润 30% 列支，以限制利息支出
跨境所得税	对跨国公司汇回的海外利润一次性征收的税率由 35% 降低为 15.5%（现金）、8%（非流动资产），并采取属地税收原则
遗产税	提高适用税率 40% 的遗产税免征额，对于个人，免征额由 560 万美元提高至 1120 万美元；对于夫妻，免征额由 1120 万美元提高至 2240 万美元

资料来源：《2017 年减税与就业法案》。

三　实施效果

据经济合作与发展组织（OECD）发布的《2019 年税收收入统计报告》，美国税收占国内生产总值的比例大幅下降了 2.5 个百分点。

但是减税并没有达到特朗普政府预期的效果。

一方面，《2017 年减税与就业法案》在推动美国经济发展上稍显疲软。从个人角度看，虽然特朗普政府减税的目的在于增加美国居民的可支配金额，拉动消费端为经济发展提供动力，但是美国通胀水平不断升高，抵消了减税带来的福利。而减税的力度比特朗普政府最初宣传的低，Macaulay（2021）指出，如果家庭处理资产收益信息的成本很高，那么相较于低收入家庭，高收入家庭具有更强的动机来关注资产选择，而低收入家庭对资产选择的注意力不足。在这一前提下，当财政扩张足以使低收入家庭摆脱借贷限制时，他们将更多地储蓄，这在一定程度上降低了财政扩张对消费的影响。Macaulay（2021）使用消费者期望调查数据（SCE）对该理论进行检验，结果表明，财政扩张的这一效应在《2017 年减税与就业法案》的实施中存在。而从企业角度看，法案设置了对企业减税的条款以吸引美国企业回到本国，同时设置了“边境税”警告资金外流到其他国家的美国企业，以期美国企业回国，来增加本国就业岗位和政府的企业税收，从而拉动美国经济发展。但是鉴于美国人工、土地等成本高昂，美国企业大幅回国的理想情况并没有出现。

另一方面，该法案难以解决美国的社会问题。在个人所得税中，虽然从税率本身的数据上对中低收入人群减少了 3%—4%，大于对高收入人群减少的 2.6%，但是结合各群体收入本身的差距，结果就是针对中低收入群体的减税力度远不如对高收入群体的减税力度，高收入群体在本次减税改革中受益更多。而企业税更是如此，大企业的受益大于小企业。与此同时，特朗普政府取消了奥巴马政府时期极力推广的医疗保险，使中低收入群体失去了健康保障。此外，虽然特朗普政府一直坚持降低企业税负可以推动企业增加投资力度，以实现就业岗位的增加，但是高收入群体和大企业可支配资金增多并不代表会投资实体经济，资金可能流向高科技互联网行业或金融行业，或者投向国外的生产项目，对解决美国本土贫富差距问题、就业岗位不足问题没有显著帮助。

第四节 “万亿基建计划”

一 出台背景

在2016年美国总统大选中，特朗普多次提及美国基础设施老旧落后，强调加强基础设施建设的重要性，提出要对美国的基础设施更新换代、提高美国人的生活质量。距离上一次美国大规模建设基础设施已经过了接近60年，虽然美国人口已经翻倍，科技飞速发展，但是一直没有对基础设施进行改进。美国土木工程师协会发布的国家基础设施状况“成绩卡”，给美国基础设施打分连年是D+，即“大多数情况下低于标准”。

二　发展过程

表 3 - 4　　“万亿基建计划”发展过程

时间	相关内容
2017 年 5 月 24 日	在提交的 2018 财政年度预算案中，特朗普政府要求在国防、边境安全与基础设施建设方面增加更多的资金，同时要求减少教育、科研、环境和医保方面的投入
2017 年 6 月 5 日	特朗普宣布启动“基建周”，在辛辛那提提出“万亿基建计划”，讨论如何有效利用税收收入开展基础设施建设，并提出大幅缩短基础设施项目推进时间，减至 2—10 年不等，并且通过削减监管程序来获得项目确切性
2017 年 8 月 15 日	特朗普在另一份行政令中批示加强基础设施项目批准审查和环境问责，并在之后的胡佛坝项目中得以充分运用
2018 年 1 月 30 日	特朗普在国会发表国情咨文，宣布基建计划规模将扩大至 1.5 万亿美元，远超之前宣称的 1 万亿美元
2018 年 2 月 12 日	特朗普政府公布 1.5 万亿美元基建投资计划。计划未来 10 年内利用 2000 亿美元的联邦资金撬动 1.5 万亿美元的地方政府和社会投资，改造美国年久失修的公路、铁路、机场以及水利等基础设施
2019 年 4 月 30 日	特朗普与民主党领袖达成一致，同意花费 2 万亿美元修筑美国道路、桥梁、电网、用水与宽带基础设施。后续谈判失败，协议破裂
2019 年 6 月 17 日	特朗普政府已经正式递交了总金额约 1 万亿美元的新基础设施建设计划

三　总体评价

“万亿基建计划”经过在国会和两党的不断谈判后，受到各方利益集团的限制，在出资问题上一直没有达成统一，最终没有完全实施。但是，该计划为下一任总统提出了新要求，推动了美国政府对基础设施的建设。

第五节 新冠疫情下美国财政政策

一 出台背景

2020 年，为应对新冠疫情引发的公共卫生危机和与之相伴的经济衰退，3 月起，美国政府先后出台了 6 轮主要救助方案，其中包括时任总统特朗普签署的一系列总统备忘录和行政令。这些纾困政策旨在保障美国家庭尤其是贫困家庭的基本生活，并避免中小企业的大规模破产。

二 主要内容

2020 年 3 月 4 日，美国众议院引入《冠状病毒防范和应对补充拨款法》（*The Coronavirus Preparedness and Response Supplemental Appropriations Act*），该法案在众议院获得通过，且民主党派在众议院将国会最初计划的 25 亿美元扩涨至 83 亿美元，随后，该法案在参议院获得通过。2020 年 3 月 18 日，《家庭首次冠状病毒应对法》（*The Families*

First Coronavirus Response Act）获得参议院通过，该法案侧重于补贴新冠疫情大流行对工人带来的经济损失。2020 年 3 月 27 日，众议院以在线表决方式通过《冠状病毒援助、救济和经济安全法案》（*The Coronavirus Aid*, *Relief and Economic Security Act*），同日，总统签署该法案生效。2020 年 4 月 23 日，特朗普签署《薪资保护计划和医疗保健增强法》（*The Paycheck Protection Program and Health Care Enhancement Act*），该法案没有设立新的支出项目，多数资金用于补充 PPP 额度，其余则用于公共卫生支出。此后，由于美国两党一直未能就新一轮刺激法案达成协议，而前期的部分政策项目已经到期，相关群体面临严峻的财务危机。因此特朗普动用其总统权力，在 2020 年 8 月 8 日签署了 3 项备忘录和 1 项行政令，对一些政策予以延期。

表 3－5　　六轮救助方案的主要内容

发布时间	法案名称	涉及金额	主要内容
2020 年 3 月 4 日	冠状病毒防范和应对补充拨款法	83 亿美元	（1）78 亿美元用于州和地方政府抗击新冠疫情（包括疫苗开发和公共卫生资金）； （2）5 亿美元用于向联邦医疗保险拨款用于冠状病毒的远程医疗计划
2020 年 3 月 18 日	家庭首次冠状病毒应对法	1040 亿美元	（1）将 COVID－19 测试纳入医疗保险范畴； （2）将失业保险扩大 10 亿美元，并且放宽了资格要求； （3）为雇员提供带薪病假，最高每天 511 美元，带薪家庭假按父母通常薪水的 1/3 支付

续表

发布时间	法案名称	涉及金额	主要内容
2020 年 3 月 27 日	冠状病毒援助、救济和经济安全法案	2.2 万亿美元	（1）3000 亿美元向中低收入的美国居民直接派发——每位成年人 1200 美元，每位儿童 500 美元； （2）2500 亿美元的增强型失业保险；4540 亿美元用于支持美联储向企业、州或市镇提供贷款的计划或便利； （3）3500 亿美元的小企业贷款计划； （4）1500 亿美元用于援助各州； （5）1200 亿美元用于医院和退伍军人的医疗卫生； （6）600 亿美元用于支持航空公司和货运航空； （7）250 亿美元用于公共交通 （8）其他
2020 年 4 月 23 日	薪资保护计划和医疗保健增强法	4840 亿美元	（1）增加小企业贷款计划额度 3220 亿美元； （2）600 亿美元用于灾难贷款； （3）750 亿美元用于补贴医院； （4）250 亿美元用于提高各州检测能力 （5）其他
2020 年 8 月 8 日	3 项备忘录和 1 项行政令	440 亿—800 亿美元	对失业救济金额以外补助、递延缴纳社保薪资税、暂停学生贷款偿还、禁止对租客和房主的驱逐和止赎等政策予以延期
2020 年 12 月 27 日	新冠疫情纾困法案	9000 亿美元	（1）2840 亿美元用于政府工资贷款，包括扩大非营利组织、地方报纸、电视和广播电台的贷款资格； （2）820 亿美元用于大学和学校，包括支持升级供暖和制冷系统，以减少病毒传播和重新开放教室 （3）250 亿美元，为有困难的家庭提供租金援助，以及延长暂停驱逐令； （4）130 亿美元用于食品援助等

资料来源：The N. S. Congress，White House。

注：法案总额是 2.2 万亿美元，表格中未全部列出。

三 实施效果

特朗普政府对于新冠疫情的反应是相对滞后的，前期的忽视态度导致美国的经济发展和社会稳定受到巨大打击。2020 年，美国 GDP 增速暴跌至 -3.4%，国家宣布进入“紧急状态”。为重振美国的经济发展，特朗普政府推出的财政刺激政策主要是针对消费端，以期通过恢复居民的生活水平来刺激消费、拉动经济增长，并鼓励企业增加投资、恢复生产。

Chetty 等（2020）分析了美国实施的财政政策对家庭和企业的因果影响。他们发现，财政刺激政策增加了美国居民的消费支出，但消费的商品主要为耐用品。因此，财政刺激政策并未切实帮助受到严重打击的中小企业。

此外，Chetty 等（2020）通过分析疫情影响的异质性来研究如何影响经济，结果表明，高收入群体在 2020 年 3 月中旬大幅削减消费支出，在新冠病毒感染率更高的地区和需要面对面交流的行业，消费支出下降更多。消费支出的下降大大减少了富裕地区小企业的收入，这些企业解雇了许多员工，尤其是低薪工人。2020 年，高收入群体经历了持续数周的“V”形衰退，而低收入群体经历了持续时间更久、程度更大的失业。总而言之，疫情对美国经济活动的最初影响，在很大程度上是由高收入群体因健康问题减少消费支出推动的。

在这一分析的基础上，Chetty 等（2020）估计了旨在减轻疫情不利影响的政策的因果效应，在财政政策方面，实证分析结果表明，对低收入家庭的财政支持大幅增加了其消费支出，但增加的支出中，流向遭到疫情冲击最大的企业的部分很少，从而抑制了就业岗位增加。Chetty 等（2020）认为，这些结果表明，传统的宏观经济工具——刺激总需求或向企业提供流动性，在消费支出因健康问题而受到限制时，恢复就业的能力被削弱；在疫情期间，通过提供社会保险，以减少失业人员的困难可能更有价值。

除了上述四种主要财政政策之外，特朗普政府还实施了包括减少福利支出、取消除住房和慈善捐款扣除之外的税收优惠、精简政府机构等其他财政政策，主要目的是减少财政支出。

第六节　特朗普政府财政政策总体评价

一方面，在减税政策和部分基础设施建设的刺激下，美国制造业得到了一定程度的恢复，经济有所增长，就业岗位有所增多，特朗普政府实现了失业率持续下滑至历史低位的承诺（见图 3 –4）。

另一方面，虽然“特朗普医改”大量削减了医疗支出，依据特朗普政府的预期，减税政策在降低税率的同时会增加税收。但事实是财政赤字依旧在扩大，并且受疫情影响，2020 年美国的财政赤字翻了一倍以上。

虽然短期内特朗普政府的财政政策推动了美国经济的发展，但是

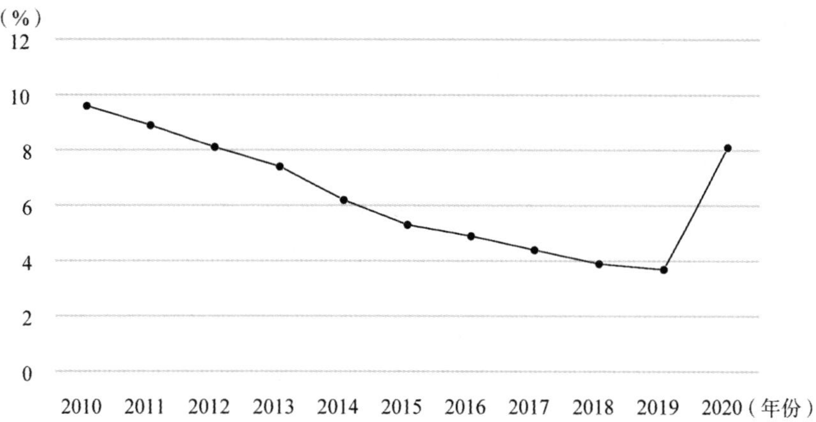

图3-4　2010—2020年美国失业率

长期来看，并不利于财政稳定以及经济的稳定发展。此外，结合特朗普政府以“美国优先”为口号、增加关税的关税政策来看，虽然在税收方面减少了一定成本，但企业的生产成本上升，总体而言并不利于企业的长期发展。此外，关税政策的调整必将波及世界其他国家的经济发展，这也破坏了全球经济的平衡稳定。

第四章

拜登任期财政补贴政策

自拜登竞选以来，“拜登经济学”就因为与往届多任政府不同的“反叛”论调受到关注。拜登上任后，开始全力推行救助措施和新冠疫苗接种，集中针对新冠疫情、投资基础设施、加强安全网、税改等方面展开工作，并同时着力于提高国家最低工资、扩大居民工人培训、缩小收入不平等、投资清洁能源、扩大获得负担得起的医疗保健的机会、免除学生贷款债务等工作。

从理论经济观点来看，“拜登经济学”与以前占主导地位的经济模型形成鲜明对比。拜登的前任，从里根到奥巴马，都被看作新自由主义者，坚信市场为导向的经济。而拜登则向“大政府”倾斜，试图证明政府较市场而言更能提升经济，让民众相信，“大政府”可以提供资金来帮助他们维持生活。

第一节　拜登政府时期主要财政政策

因疫情导致的美国经济停滞从而引发的通货膨胀问题一直是围绕拜登政府的一大难题。如图4－1所示，自从拜登在2021年1月20日上台之后，美国的通货膨胀率就高居不下。因此在拜登执政这近两年时间，如何更好地处理社会通胀问题和全面复工复产成为其利用财政补贴调控经济的核心逻辑。

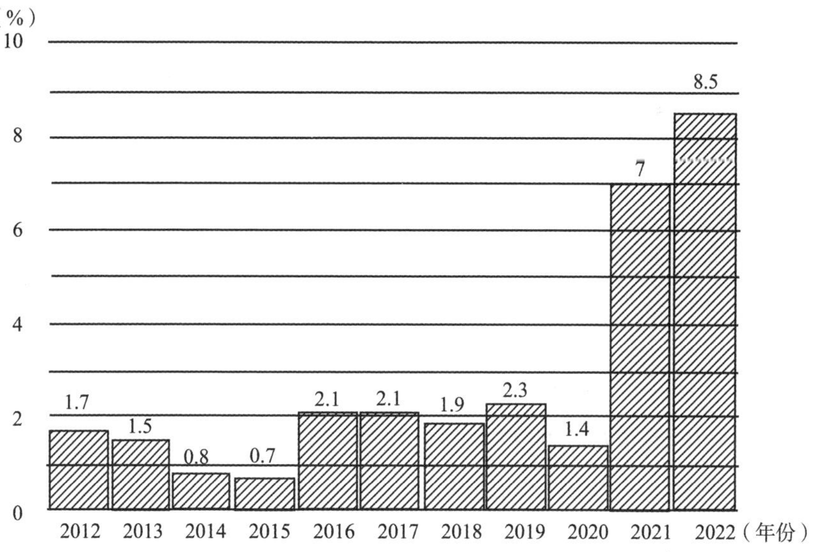

图4－1　2012—2022年美国通货膨胀率

下图 4－2 为拜登执政期间主要财政政策以时间为轴的梳理。

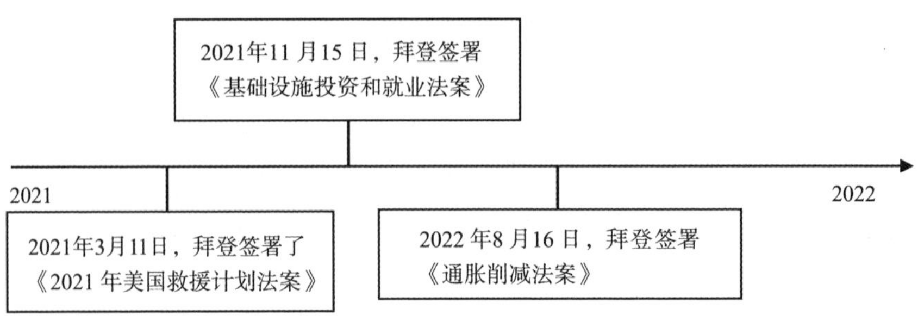

图 4－2 拜登任期内的主要财政政策

第二节 《2021 年美国救援计划法案》

一 出台背景

2021 年 1 月 29 日，美国商务部公布，2020 年美国国内生产总值萎缩 3.5%，为 1946 年以来的最严重萎缩。截至 2021 年 2 月，已有 500000 名美国人死于新冠疫情。自疫情暴发以来，美国还面临着驱逐、失业和饥饿危机。时任总统特朗普还因没有制定抗击疫情的联邦战略而受到批评。2021 年 1 月 20 日，也就是拜登就职的第二天，他警告说因新冠病毒而死亡的人数可能超过 50 万。2021 年 3 月 11 日，在世界卫生组织宣布新冠病毒为大流行病一周年之际，拜登签署了《2021 年美国救援计划法案》（*American Rescne Plan Act of 2021*）。

二　主要内容

由拜登政府提出并推动的1.9万亿美元经济刺激救济方案，旨在加快摆脱疫情影响并推动美国经济复苏。该方案包括直接给大多数美国人支付救助金，延长增加失业救济金额的期限，为新冠疫苗分发和学校重新开放提供资金，支持小企业和各州及地方政府，扩大医疗保险补贴和儿童税收抵免。

三　实施效果

由于新冠疫情的破坏，世界各国都在与通货膨胀作斗争，但拜登政府的刺激措施却至少在一定程度上使美国的通货膨胀问题更加严重。在《2021年美国救援计划法案》中，为家庭中每个人发放1400美元的支票、慷慨地扩大失业保险和儿童税收抵免福利，以及向各州和地方政府提供数千亿美元的援助，旨在帮助有需要的人并刺激经济需求。虽然这些措施在一定程度上确实缓解了居民生活压力及企业发展上的难题，不过，一些经济学家认为，所有这一切都是以通胀恶化为代价。

表 4－1 2008—2022 年美国月度通货膨胀率 （单位：%）

年份	一月	二月	三月	四月	五月	六月	七月	八月	九月	十月	十一月	十二月	平均
2022	7.5	7.9	8.5	8.3	8.6	9.1	8.5	8.3	8.2	7.7	7.1	6.5	8.0
2021	1.4	1.7	2.6	4.2	5	5.4	5.4	5.3	5.4	6.2	6.8	7.0	4.7
2020	2.5	2.3	1.5	0.3	0.1	0.6	1.0	1.3	1.4	1.2	1.2	1.4	1.2
2019	1.6	1.5	1.9	2.0	1.8	1.6	1.8	1.7	1.7	1.8	2.1	2.3	1.8
2018	2.1	2.2	2.4	2.5	2.8	2.9	2.9	2.7	2.3	2.5	2.2	1.9	2.5
2017	2.5	2.7	2.4	2.2	1.9	1.6	1.7	1.9	2.2	2	2.2	2.1	2.1
2016	1.4	1.0	0.9	1.1	1.0	1.0	0.8	1.1	1.5	1.6	1.7	2.1	1.3
2015	-0.1	0	-0.1	-0.2	0	0.1	0.2	0.2	0	0.2	0.5	0.7	0.1
2014	1.6	1.1	1.5	2.0	2.1	2.1	2.0	1.7	1.7	1.7	1.3	0.8	1.6
2013	1.6	2.0	1.5	1.1	1.4	1.8	2.0	1.5	1.2	1.0	1.2	1.5	1.5
2012	2.9	2.9	2.7	2.3	1.7	1.7	1.4	1.7	2.0	2.2	1.8	1.7	2.1
2011	1.6	2.1	2.7	3.2	3.6	3.6	3.6	3.8	3.9	3.5	3.4	3.0	3.2
2010	2.6	2.1	2.3	2.2	2.0	1.1	1.2	1.1	1.1	1.2	1.1	1.5	1.6
2009	0	0.2	-0.4	-0.7	-1.3	-1.4	-2.1	-1.5	-1.3	-0.2	1.8	2.7	-0.4
2008	4.3	4.0	4.0	3.9	4.2	5.0	5.6	5.4	4.9	3.7	1.1	0.1	3.9

如表 4－1 所示，《2021 年美国救援计划法案》是在 2021 年 3 月颁布的，我们可以明显地发现 2021 年 3 月，美国通货膨胀率为 2.6%，而在该政策发布后的一个月，通货膨胀率就涨到 4.2%，从此之后就高居不下。

为了更清楚地了解《2021 年美国救援计划法案》对于通货膨胀率的影响，我们需要结合国际背景进行思考。由于新冠疫情的影响，全球性通货膨胀爆发，2022 年 5 月，联合国发布《2022 年中世界经济形势与展望》，该报告称，俄乌冲突搅乱了疫情脆弱的经济复苏，推高食品和大宗商品价格，并在全球范围内加剧通胀压力。而就通货膨胀的确切数额而言，美国排在世界前列。如图 4－3

所示，从2021年起，美国所谓的“核心通胀率”明显高于其他发达国家；而这在很大程度上可能就是美国规模更为庞大的财政刺激措施引致的。

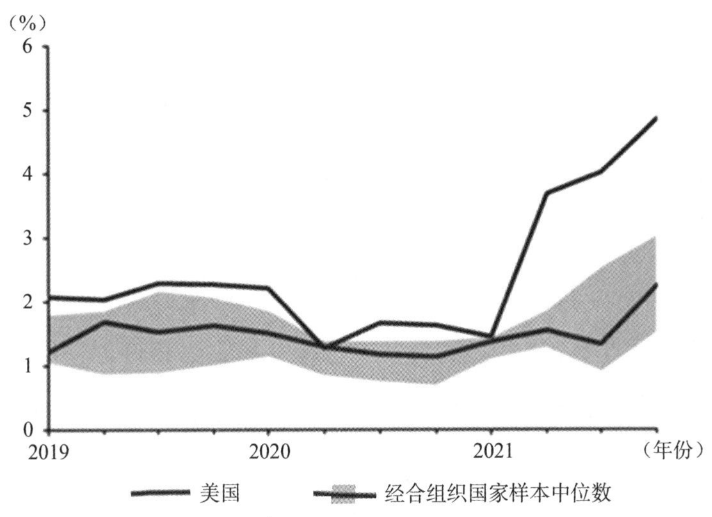

图4－3　美国和经合组织国家的核心通胀率对比

第三节　《基础设施投资和就业法案》

一　出台背景

该基建法案得以实施的主要原因有以下三方面。

一是美国国内基础设施老化问题严重，亟待升级改善。根据世界经济论坛发布的《全球竞争力报告》显示，美国基础设施全球排名第

13位，落后于许多发达经济体，这与其全球最大经济体的地位极不相称。美国土木工程师协会（ASCE）发布的基础设施评估报告指出，2021年美国基础设施整体得分为“C－”，即“有重大缺陷”。鉴于其得分长期不超过“D＋”，这已是20年来美国获得的最好成绩。同时，该报告还提出美国未来十年面临2.59万亿美元的基础设施建设资金缺口，并呼吁美国各级政府及民间部门扩大基建投资。

二是面对美国疫情高企、经济疲软、通胀加剧等困境，拜登政府急需大规模投资计划拉动经济增长、促进就业，即推出基建法案。拜登试图以罗斯福为榜样，希望像他当年一样，通过基础设施投资来重振美国经济。拜登曾在内阁会议上强调“基建法案将创造数以百万计的工作岗位，促进经济增长，自下而上重振美国经济”。参与起草该法案的参议员也称，基建法案将给美国带来“数十年的经济增长和繁荣”。

三是帮助美国“赢得对中国的竞争”。拜登政府将中国作为美国的首要战略竞争对手。在2021年2月4日的首次外交政策演讲中，拜登谈及中美经贸关系时声称，中国是美国“最严峻的竞争对手”。对于基建法案，拜登2021年3月31日在匹兹堡的演讲中强调“重建基础设施，促进经济增长，使美国在世界各地更具竞争力，并使美国能在未来几年赢得与中国的全球竞争”。2021年4月7日，拜登呼吁国会议员批准基建计划时表示，中国和其他国家在对未来的投资走在美国前面，“试图掌控未来”。

《基础设施投资和就业法案》在未来8年内的总支出规模为1.2

万亿美元，其中包含了在五年内新增 5500 亿美元的基础建设拨款。在新增基建支出中，1100 亿美元用于建设高速公路，660 亿美元用于建设铁路，650 亿美元用于建设电网，650 亿美元用于建设宽带相关设施，550 亿美元用于建设饮用水管道相关设施等。拜登政府曾提出通过增加税收的方式来支付这笔庞大的开销，其最初的设想是：其一，将美国企业所得税税率从目前的 21% 提高到 28%，这预计将能带来 8000 亿—10000 亿美元左右的收入；其二，提高美国跨国公司全球利润的最低税率，从 10.5% 提高至 21%；其三，加大执法力度，打击逃税行为；其四，对美国富人收取更高的个人所得税，扩大遗产税征收范围。但上述融资措施遭到了共和党和商业团体的强烈反对，拜登政府最终不得不放弃加税计划以得到共和党的支持。

此外，根据美国全国广播公司的一项民意调查，2021 年，拜登在经济方面的净支持率从 4 月的 +9 下降到 10 月的 −17。《基础设施投资和就业法案》的落地将有利于拜登支持率的提升和中期选举民主党席位的保留。

二　主要内容

作为拜登政府经济议程的重要组成部分，基建法案的资金分配侧重于传统交通基础设施，其中 4500 亿美元是为现有联邦公共工程项目提供资金；5500 亿美元用于基础设施投资的新增联邦资金，预计在未来五年内陆续投放，其用途具体包括以下六项。

一是花费1100亿美元来改善道路和桥梁状况，并在基建过程中重点关注基础设施体系的韧性、公平性和安全性。

二是花费660亿美元投资铁路基础设施，包括帮助美国铁路公司消除长期积压的维修任务、对美国东北走廊进行现代化升级、改善和延伸现有铁路走廊，以及建立安全、高效和气候友好型的铁路运输系统。

三是花费420亿美元投资机场和港口设施，包括建立现代化及可持续的机场和港口基础设施以加强供应链管理、减少港口和机场附近的拥堵和车辆尾气排放问题，并推动电气化和低碳技术的应用。

四是花费390亿美元改善公共交通系统，包括改善老年人和残疾人的出行现状，维修约24000辆公共汽车、5000辆轨道车和数千英里的火车轨道。

五是花费150亿美元来推动电动汽车发展，包括建设一个全国性的电动汽车充电网络，并向全国提供数千辆电动校车。

六是花费110亿美元来提升道路安全水平，包括建立道路安全项目以帮助各州和地方减少交通事故，为所有人提供安全的出行环境。

此外，基建法案还将投资1150亿美元用于清洁能源转型和电力基础设施升级改造，以及投资1520亿美元用于改善环境污染问题、提供清洁水资源及改造宽带设施。

基建法案主要通过以下六个渠道筹集资金：

一是新冠纾困救助法案中未使用的资金，包括针对小企业和非营利团体的经济贷款计划、薪资保护计划、教育稳定基金和对航空公司员工的救济等；

二是新冠疫情联邦失业福利的剩余资金；

三是取消并使用特朗普政府时期一些争议项目的拨款；

四是美国联邦通信委员会5G频谱拍卖产生的收益；

五是改变加密货币报税要求所带来的收益；

六是基础设施项目产生的收益。

三　实施效果及影响

因为该法案实行时间不到一年，并且涉及基础建设，所以只能从相关的指标数据出发来探索法案实施效果。

经济金融层面，基建法案的通过有助于美国经济维持当前的复苏态势。短期来看，如图4－4所示，美国失业率从2020年的8.1%降到2021的5.5%，法案对于疫后经济的复苏以及就业市场的稳定将会起到进一步的推动作用。根据全球咨询公司麦肯锡的估计，美国基础设施支出每增加1个百分点的GDP，将为美国增加150万个就业机会，因此约1.2万亿美元的基础设施投资将创造数以百万计的就业机会。而从中长期来看，该基建法案能在多大程度上提振美国经济还有待观察。一方面，基建项目通常规模大、耗时长，对经济增长的长期刺激效果微弱。穆迪公司预计，基建法案落实生效后，将拉动2021年美国经济增长0.17%，到2026年对美国经济的刺激作用最高为0.5%，此后便逐步下降，2021—2031年仅使美国经济平均增长

0.02%。另一方面，该法案的规模无法弥补美国基础设施领域的资金缺口，5500 亿美元的资金规模将在未来五年内分阶段实现，落实到具体项目上的资金微不足道，据美国土木工程师协会的估计，美国未来十年内维持和更新基础设施的资金缺口为 2.59 万亿美元，目前该法案的规模还远远不够。

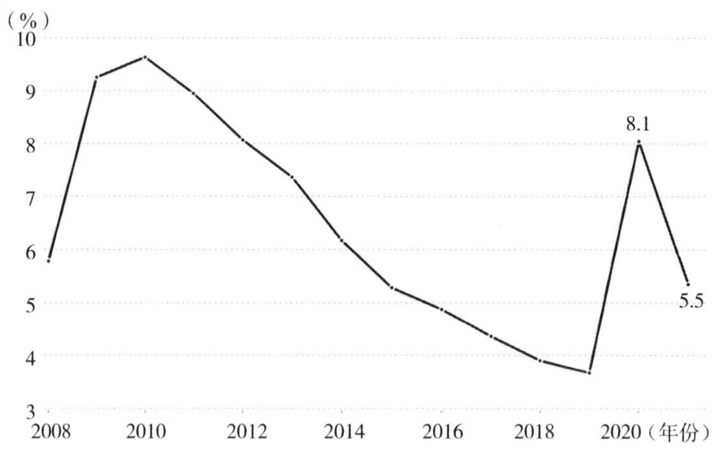

图 4－4　2008—2020 年美国失业率变化趋势

交通运输行业层面，美国交通运输业内人士一致认为这项历史性的投资将重塑美国交通基础设施，推动交通运输绿色低碳转型发展。基建法案对电动汽车的投资规模不大（仅占 1.25%），主要集中在建设全国性电动汽车充电设施网络，但这对实现拜登政府设定的到 2030 年美国电动汽车占所售汽车年销量 50% 的目标至关重要。目前，电动汽车公共充电站数量少、分布不均衡等问题是制约美国电动汽车大规模产业化发展的关键因素。根据美国能源部的数据，美国目前共有约 4.5 万个公共电动汽车充电站。其中，加利福尼亚州是充电基础设施最发达的州，该州的充电站数量占全美的 30.6%。由此可见，联邦政府的投资为美国各州部署电动汽车充电基础设施带来了重大机遇，对行业发展起到撬动作用，并将促进电动汽车产业在全美均衡发展。

抵御气候危机方面，基建法案具有历史意义。自拜登上任以来，美国政府高度重视应对气候变化，并把建设气候友好和适应的基础设施作为实施“绿色新政”的关键举措之一。从美国运输部发布的《美国 2021 年航空气候行动计划》(*2021 Aviation Climate Action Plan*) 到基建法案中对清洁能源产业等基础设施抵御极端天气能力和现代化升级的投资，不难看出美国已将气候变化的适应能力纳入交通运输系统的未来发展中，着力打造高效、绿色、清洁、可持续的交通运输系统。

国际竞争方面，拜登多次在公开场合提及中国基础设施，表示要追上并超越中国。他认为基建法案是增加美国与中国竞争优势的筹码，能通过加大科研投入、推出产业政策、改善基础设施等来振兴美国经济，从而赢得 21 世纪与中国和其他主要国家的经济竞争。在基建领域，中国虽然目前在体制制度、投资力度、资金规模和基建效率等方面都远胜于美国，但仍要加强发展“新基建”，提升全要素生产率，推动中国经济的进一步发展；同时，也应积极寻找和美国在绿色低碳、清洁能源等领域良好合作的可能。

此外，基建法案同时也可能引发三重风险。一是债务风险。据美国国会预算办公室估计，该法案将在未来十年内推高联邦预算赤字约

2560 亿美元。随着美国债务创新高，美国只能通过债务货币化寻求减轻压力，进而导致全球债权人的损失。二是通胀风险。联邦政府大规模投资后，只能由美联储进行债务货币化，美联储货币长期保持极度宽松的货币政策，带来货币驱动型通胀，又因美元中国际货币体系中的主导地位给别国带来输入型通胀，拖累全球经济复苏。三是金融风险。除了基建法案外，2021 年美国国会还将对拜登政府 1.75 万亿美元的“重建美好未来”草案、持续决议法案及美国债务上限做出投票决定。上述法案及议案的交织，将加剧美国两党达成共识的难度。一旦发生政府下台、债务部分违约等风险也将引发金融风险。

同时，基建法案的颁布也对美国政坛的派系争斗产生了重大影响。拜登基建计划雄心勃勃，但在实施中囿于美国国会政治生态，频遭共和党对手和民主党同僚掣肘。共和党人之所以反对拜登政府的基建计划，主要有四方面原因。一是认为计划涉及面太广。拜登基建计划不仅包含传统基建，还包含社会福利、社会服务等“人力基建”（或曰“社会基建”）以及应对气候变化的“绿色基建”。共和党人对投资传统基建尚可接受，但对投资“社会基建”和“绿色基建”则难以接受。美国国会参议院少数党（共和党）领袖米奇·麦康奈尔批评拜登的所谓基建计划其实是一份“自由派的愿望清单”，基建只不过充当特洛伊木马，把极左的政治议程潜藏其中。二是认为基建计划成本太高。拜登政府的美国就业计划和美国家庭计划共拟投入超 4 万亿美元。在共和党人眼里，拜登政府的计划“过于昂贵”且“目标不够明确”。为此，共和党人接连提出总额仅为 5680 亿美元和总额

9280亿美元等其他几个基建投资计划，与拜登政府庞大的基建计划相比大为缩水。三是反对用提高企业税和征收富人税的方式来为计划提供资金。共和党人希望从1.9万亿美元的美国救助计划中拿出一部分资金用于基建，并通过提高燃油税等方式筹集资金。四是担心将基建的成果拱手让给拜登政府。基础设施重建在美国拥有较广泛的民意基础，两党均希望从中捞取政治好处，谁也不想轻易将这块政治蛋糕让给对方。根据芝加哥全球事务委员会2008年开始的一项调查，大多数美国人赞成扩大联邦政府预算，以改善公路、桥梁和机场等公共基础设施。其中2020年的调查显示，69%的民主党人、66%的独立派人士和62%的共和党人支持扩大基建预算。其他相关的民意调查也有大致相同的发现。两党谁能解决好基建问题，谁就能在政治上加分，并留下重要政治遗产。

第四节　《通胀削减法案》

一　出台背景

2022年3月以来，美国消费者价格指数（CPI）同比涨幅均超过8%。美国劳工部2022年8月10日公布的数据显示，7月CPI同比上涨8.5%，通胀持续加剧，令美国民众越发感到钱包吃紧。2022年8月7日，美国广播公司和益普索集团公布的联合民意调查结果显示，超过 2/3 的美国人认为美国经济正在恶化，这一比例达到 2008 年以来最高值。通胀是美国民众最关注的经济议题之一，而美国民众对拜登政府经济政策效果呈“压倒性”负面评价。

2022 年 8 月 16 日，拜登签署《通胀削减法案》（*Inflation Reduction Act*），这一法案计划向在美企业提供大量补贴，旨在通过减少赤字、降低处方药价格和投资国内能源生产来遏制通胀。

该法案将筹集 7370 亿美元，其中 3690 亿美元用于能源和气候变化支出、3000 亿美元用于削减赤字等，同时推行三年《平价医疗法案》补贴、处方药改革和税收改革。该法案是美国历史上应对气候变化的最大投资。根据几项独立分析，这一法案预计将使美国更接近拜登政府的目标，承诺到 2030 年美国温室气体排放量将较 2005 年的水平减少 50%—52%。

二 主要内容

表 4－2 《通胀削减法案》主要内容

领域	金额
能源与气候	－3860 亿美元
清洁电力税收抵免	－1610 亿美元
空气污染、有害物质、交通和基础设施	－400 亿美元
个人清洁能源激励措施	－370 亿美元
清洁制造税收抵免	－370 亿美元
清洁燃料和车辆税收抵免	－360 亿美元
农村发展、林业保护	－350 亿美元

续表

领域	金额
建筑效率、电气化、传输、工业、能源部赠款和贷款	-270 亿美元
其他能源和气候支出	-140 亿美元
卫生保健	-980 亿美元
扩大《平价医疗法案》补贴的延期（三年）	-640 亿美元
Medicare Part D Program 医疗保险，药物计划部分重新设计部分重新设计、LIS 补贴、疫苗覆盖率	-340 亿美元
总额、支出和税收减免	-4850 亿美元
健康储蓄	3220 亿美元
废除特朗普政府时期的药物回扣规则	1220 亿美元
药品价格通胀上限	1010 亿美元
某些药品价格的谈判	990 亿美元
收入	4680 亿美元
15% 的企业最低税	3130 亿美元
美国国税局税务执法资金	1240 亿美元
关闭附带权益漏洞	130 亿美元
甲烷费、超级基金费、其他收入	180 亿美元
总计、储蓄和收入	7900 亿美元
净赤字削减	3050 亿美元

三　效果影响

（1）对美国医疗体系的影响

《通胀削减法案》中的相关规定有利于降低药价，让更多病人能承担药品购买，从而扩大医疗保健的覆盖范围。

例如，该法案中的处方药价格协商政策、最高自付限额的设置（将 Medicare 病人的自付额限制在每年 2000 美元，并且提供可以每个月分期付款的选项）、“通货膨胀回扣”政策（药物制造公司对于并未做出任何提升和改变的药物不得做出自主性且不合理的升价，这一法案要求药物制造公司将超过通货膨胀水平的药物差价退还给 Medicare）都可以降低药物的价格水平，让更多的病人能够负担得起。

同时，这一法案还专门制定相关规定以保护老年病患的利益。比如稳定 65 岁以上老年人补充性医疗保险部分的保费、为 65 岁以上的老人提供免费的疫苗等，这些规定都能更好地保障弱势群体的医疗需求。

（2）对美国能源及环境的影响

美国民主党参议院的报告总结，该法案会对美国的能源和环境产生非常深远的影响：首先，该法案通过降低电价和泵的价格，提高消费者购买有助于降低温室全体排放量的新科技和能源的价格，会降低美国民众需要承担的其他费用；其次，该法案通过提高能源的可靠性、鼓励生产清洁能源，再加上美国历史上最高的清洁能源投资，可以减少美国在能源方面的对外依赖，从而提高美国的能源安全；再次，通过联邦政府支持创新气候解决方案对每个行业、各个部门进行脱碳化，可以有效降低美国的排碳量（目标为到 2030 年降低 40% 的排碳量）；最后，该法案还重点投资弱势社区以及偏远地区的农民和林地业主，以确保这些地区可以享受到新能源经济的好处，可以更有效地适应快速的气候变化。

（3）对美国税务政策的影响

该法案的一个重要组成部分是消除美国富人和大公司造成的税务漏洞，同时，该法案不会提升年收入在 400000 美元或以下的家庭的税收。目前，美国税制在促进收入分配公平方面还存在不足，美国的百万、亿万富翁可以利用税法的漏洞来合法避税，而这些避税渠道是工薪阶级无法企及的。

现在，该法案提高了最低公司税收标准，规定年收入超过10亿美元的公司每年至少要缴纳15%的公司税；并敦促国税局更新征税系统、加强富人税的征收力度。此外，法案规定将企业超额业务损失的限制延长两年，这将有助于防止美国富人隐藏其非营业收入以及避税。

通胀法案的这些规定有利于加强对高收入群体的征税力度，同时对于中低收入群体的税收还有一定的降低效果，从而有利于降低美国贫富差距。

（4）对美国经济的整体影响

事实上，《通胀削减法案》对于缓解美国的高通胀并没有实质性的影响。2022年8月17日美联储举行内部会议，美国联邦储蓄委员会表示美国通货膨胀率仍然持高，经济不确定性因素仍然很强。

第五节 拜登财政政策总体评价

一方面，在拜登政府发布的一系列大额财政补贴政策的刺激下，美国逐渐缓解了新冠疫情对于经济的影响。《2021年美国救援计划法案》通过直接现金补贴的方式刺激了经济，《基础设施投资和就业法案》提供了更多的就业岗位，这两者都使美国经济逐步回暖、失业率显著下降（详见图4－5）。

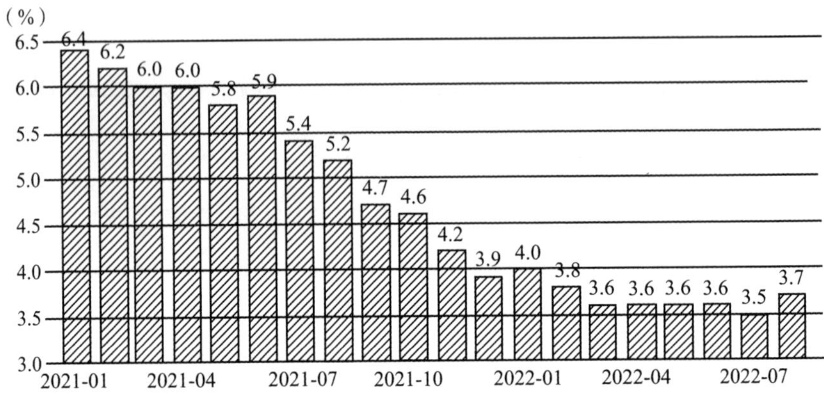

图4－5 2021年1月—2022年8月美国失业率指标变化

另一方面，数万亿的财政补贴让美国的通货膨胀到达了一个峰值，并且高居不下。从图4－6我们可以发现美国的通货膨胀率在2021年1月拜登刚刚执政时为1.4%，而随着一系列法案的签署，通货膨胀率将近翻了十倍，在2022年6月到达了9.1%的峰值。也正因为如此，拜登于2022年8月16日签署了《通胀削减法案》，其目的是降低通货膨胀率。但是因为该政策正式实施到2022年10月只有不到两个月的时间，还无法看出其效果。

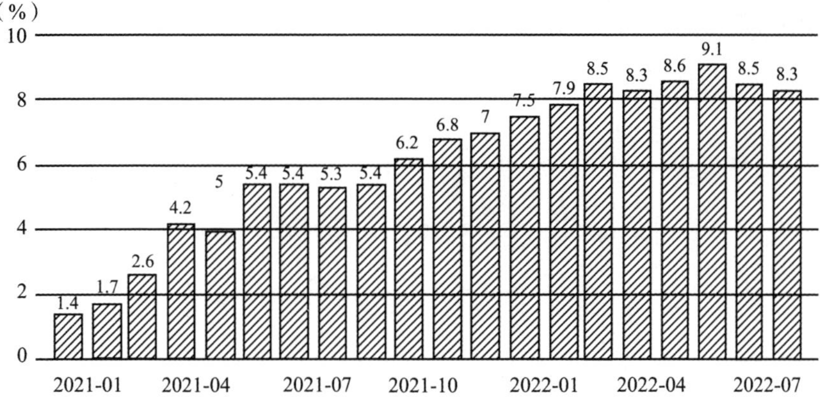

图4－6　2021年1月—2022年8月美国通胀率变化趋势

第五章

政策变迁逻辑：在摇摆中前行

——受制于经济社会发展的政党理念

第一节　政党理念不一，导致补贴政策在政党交替中左右摇摆

民主党和共和党是美国两个主要政党，其所代表的阶级利益不同，在执政理念上存在较大分歧，两党执政理念往往是左右美国政策制定和实施的内在推手。

民主党主要代表中产阶级偏下层，主张扩大政府对经济和社会的干预，积极解决市场失灵、通货膨胀等经济问题和人权平等、移民问题、种族歧视等社会问题，增加财政预算投入，保障社会福利。在对内政策上，民主党着重推出保证美国民众拥有可支付且高质量的医疗服务和教育机会的政策。在对外政策上，民主党反对单边制裁，认为应搭建稳固的国际合作关系，以保护本国的利益。

共和党主要代表中产阶级偏上层，他们反对政府对社会和经济的干预，强调私人企业和个人决策对于促进经济繁荣的重要性，主张缩小政府权力和政府规模，降低税收，减少社会福利等公共开支。在对外政策上，共和党倾向使用单边主义政策保护美国利益。

民主与共和两党的执政理念差异，在财政补贴政策上体现为补贴方向、规模与工具选择均有所不同，整体而言，民主党支持扩大补贴规模而共和党对此持反对态度。在各个领域的财政政策制定中，能够更加直接地观察到这一差异。表 5 -1 展示了美国民主与共和两党在经济、社会各领域的主要政策取向。无论是出于经济发展目标还是社会保障目标，民主党都更青睐以财政补贴的方式解决问题，而共和党倾向通过放松管制、降低税费，支持通过市场自发地发展来满足经济社会需要。

表 5 -1　　民主党、共和党在经济社会各领域的主要政策取向

干预目的	干预领域	主要政策取向	
		民主党	共和党
经济发展	产业	以财政补助、贷款支持、资本注入等财政直接补贴为主，对政府支持发展的特定领域加大财政投入	减小政府对产业干预，通过放松管制、降低税费等方式为市场主体、特定产业松绑减负

续表

干预目的	干预领域	主要政策取向	
		民主党	共和党
社会保障	医疗	通过强制参保、医疗补助等方式，建立起广泛覆盖的全民医保	通过放松管制、税收调节来向保险公司提供自由竞争的市场环境，通过市场竞争实现保费的降低从而提升医疗保险的可获得性
	就业	在经济衰退时，向失业者提供直接转移来支持消费，并增加政府直接投资来提供就业机会	在经济衰退时，通过税收政策鼓励企业提供更多就业机会
	住房	通过建设公共住房、住房建设补贴、住房消费补贴等方式，增加住房的可获得性	通过调控房地产市场和发展住房贷款市场，以市场手段解决居民的住房需求
	养老	主张通过公共养老，对私营、社会养老项目的税收政策等，满足居民养老需求	主张发展私营、社会养老市场，通过养老市场发展满足居民的养老需求

资料来源：笔者根据网络公开资料整理。

两党执政期间，都在为实现其政党理念而努力，这使得在政党交替中，补贴规模始终处于左右摇摆之中，政策往往缺乏连续性。在财政补贴上，民主党支持扩大补贴规模，共和党努力缩小补贴规模，其所出台的补贴政策也多是通过税收政策的间接手段而非直接的财政转移，在政党交替中，补贴规模始终处于左右摇摆之中。从最近三任美国总统来看，在许多领域的财政补贴，都在扩大与缩小、实施与暂停之间反复。例如在能源方面，奥巴马作为民主党人士，呼吁应对气候变暖问题，主张限制不可再生能源的使用，减少温室气体排放，并大规模补贴新能源以支持其发展，推动美国向新能源和低碳经济转型，在任期内出台了大量支持新能源发展的政策。而特朗普政府则废除了奥巴马政府时期的一系列支持新能源发展的政策和对传统能源使用的限制，支持能源市场自由发展。

第二节 政党理念能否实现，受制于经济社会发展现实

虽然民主党、共和党的理念有所差异，但政策能否成功出台，仍受制于经济社会发展现实。这体现在两个方面。

一是每任总统执政期间，都提出了一系列的计划，但对于涉及群体广泛、涉及金额巨大的计划，能够付诸实现的，往往回应了最为突出和紧迫的经济社会发展的现实问题。近几任总统执政期间，这一现象在社会保障领域尤为突出。例如在医疗补贴方面，民主党历年来举步维艰的医疗改革，在近年来两次经济大衰退中得以向前推动，奥巴马任期内出台的《平价医疗法案》被视为他执政期间最大的政绩之一，拜登上台后又对遭到特朗普破坏的该法案进行了修复和补充。在住房补贴方面，奥巴马使用行政命令的方式“更肯定地”推行《公平住房法》，那些拒绝在其区域内为低收入者修建保障房的社区，将无法得到联邦政府的资助，这些联邦拨款主要用于社区的基础建设。

二是虽然两党一直在为降低另一党派政治遗产的影响而努力，从而依据自己的主张来解决实际问题，但这些努力很难通过以颁布新法案取代旧法案的方法取得成功，例如特朗普政府废除奥巴马政府时期的政策或是条款多是通过行政命令实现。这背后可能有两方面的因素。一方面，废除政策可能违背了经济社会发展形势。对于那些已经出台的政策，其能够出台，实际上本身就意味着该政策响应了民众迫切的需求、回应了经济社会发展中亟须解决的问题。两党废除上一届政府的政策往往是出于自身的执政理念，而非政策不再适应经济社会发展现实，因此废除政策可能意味着历史的倒流，这违背了经济社会的发展趋势。另一方面，政策的实施可能会具有惯性。纵观美国的补贴政策实践可以发现，随着补贴政策的实施，其反对声音可能会逐渐减弱。例如特朗普政府在尝试颁布法案取代“奥巴马平价医改”时，不仅受到了补贴对象中低收入群体的反对，一些医疗团体也不支持，甚至共和党内部也有一些人士认为改革过于激进。

在经济社会发展现实的约束下，美国财政补贴政策虽左右摇摆，但并非停滞不前，最终仍要顺应经济社会发展的潮流。整体而言，受制于经济社会发展现实，美国财政补贴政策在摇摆中前行。

第二篇

美国不同类别财政补贴制度分析及对中国的启示

承接第一篇以美国总统为划分界限对美国近年来关于财政补贴方面的信息梳理，本篇按照财政补贴的不同类别介绍美国各领域财政补贴政策情况，并进行分析，阐明了各类财政补贴颁布及发展的内外因，梳理了不同类别财政补贴制度的体系特点，总结了各类财政补贴机制的效果及影响，并通过对中国、美国关于此类补贴的对比，按照类别提出对中国财政补贴制度发展的建议。

按照政策目标，财政补贴可以分为经济和社会两类，前者侧重于效率，后者侧重于公平。按照类别区分，美国当下的财政补贴又可大致分为医疗、产业（包括科技、农业、能源）、保障（包括就业、养老、住房）三大类。通过对这三类政策的具体内容和预期效果的内在逻辑分析，以达到优化中国财政补贴设计的目的。但由于美国与中国在政府的观念、政治体制等方面存在差异，为避免政策的生搬硬套，在每一章的最后，我们都简要梳理了中美两国在该领域的差异，以期吸收美国的经验与教训，能够结合中国国情进行本土化改造。

第六章

产业补贴:维持经济领先地位的重要工具

自南北战争以来，美国联邦政府对经济的干预逐渐增强。南北战争后，为管理跨州的大型企业，避免垄断组织的出现，联邦政府成立了管理机构（如州际商务委员会等）来扩大权力范围，对全国经济进行干预。此外，第一次世界大战后，由于美国政府在战时实施了高效率控制市场的方法，一些临时成立的战时部门没有被完全取消，继续履行干预市场的职能，如食品管理局、燃料管理局等，使联邦政府对市场的干预逐渐被接受并合法化。

在此发展下，美国各大产业都受到财政政策的深刻影响，尤其是财政补贴对产业发展具有很大的引导作用。但是财政政策的制定往往受到人为主观因素的影响，虽然这在一定程度上可以提高效率，但也会打乱市场经济的发展、破坏其本身的规律性和稳定性，尤其是当财政政策本身缺乏连贯性时，这一情况会更加严重。

秉持“科技立国”“国家安全”“美国优先”的理念，美国联邦政府最为关注的是科技、能源、农业三个产业。本章将这三个产业作为案例，具体分析在内外因素的影响下，美国在产业方面财政补贴的变化以及财政补贴对产业的具体影响，并总结对中国的启示与建议。

第一节 产业类财政补贴的发展现状总结

梳理2009年至今的美国产业财政补贴政策可以发现，这些政策的时效性都不长，往往随着总统的换届而改变，部分前后政策虽然有些不同、缺乏衔接，但不影响总体风格。比较典型的是对农业的补贴政策，美国长期都对农业进行大规模补贴，但是政府的一些其他举措还是影响了农业发展的稳定。有一些补贴政策则相互矛盾，几乎全盘推翻，这在能源产业表现得尤为明显。

美国在科技、能源、农业三个产业上，各自实行的补贴政策的特点以及对产业的影响如下。

对于科技产业的财政补贴，各项目和法案的具体规定缺乏后续。奥巴马提出的“大脑计划”“技术招聘计划”，内容都包括国家先进技术部门的引导、高端技术企业的投入、各高校的参与配合，以及对应的比赛筹办、奖金给予和配套的教育资源提供、学生及各阶层人员的参与。项目从提出到申请资金、正式启动，往往需要至少半年的时间；再到项目的成熟和实施，已经过了一年以上。一个项目往往会影响学生及更广泛的人群，项目后续的惯性发展也会带来巨大的人群基数，而此时已经临近总统换届。而换届后，由于下任总统的关注点不同、可能会转移财政支出，致使这些项目不了了之、虎头蛇尾。最后往往会导致前期投入、教育资源的浪费，对学生发展也会产生不利影响。

政策的不连续在对能源产业的财政补贴中尤其明显。在奥巴马时期，为减少碳排放、应对全球变暖的世界问题，白宫网站称，奥巴马的复苏法案提供了超过 800 亿美元的清洁能源投资，占复苏法案总支出的 1/8 以上。其中，资金的运用涉及电网现代化建设、加强能源基础设施安全性和可靠性、能源储备研究开发、示范和部署，以及能源供应中断后修复措施，同时还预留资金解决清洁能源市场的市场失灵问题。2009 年，美国没有一个太阳能光伏设施超过 100 兆瓦运行。在奥巴马的推动下，2016 年美国有 28 座公用事业规模的光伏电站超过 100 兆瓦，总容量超过 6870 兆瓦。但是，特朗普上任后，没有签署关于能源的政策，同时因为反对关于气候变化的科学共识，削减了可再生能源研究预算的 40%，推翻了奥巴马时代旨在遏制气候变化的政策，且质疑美国对应对全球变暖的国际协议的支持。特朗普的法令撤销了在联邦土地上租赁煤炭的禁令，取消了限制石油和天然气生产中甲烷排放的规定，减少了气候变化和碳排放在政策和基础设施许可决策中的重要性，并且退出了《巴黎气候协定》。清洁能源的发展部分一定程度上依赖税收优惠政策，而特朗普不愿延续这些措施，且削减环保署 31% 的预算，其中很大一部分原本用于清洁能源的研发与推广。虽然美国向新能源和低碳经济转型的趋势不会被特朗普逆转，但肯定会减缓其速度。而目前拜登政府的主张又和特朗普政府相反，拜登政府主张重返《巴黎气候协定》，并提出 2050 年以前实现 100% 清洁能源经济和净零排放，计划投资5000亿美元于可再生资源与零排放汽车。

对于农业产业的财政补贴，虽然一直都有着巨大的投入，但仔细分析政策与农业的发展，不难发现补贴政策并没有维护好农业产业的稳定发展。农业是受到国际形势影响最明显的产业。从奥巴马时期开始，美国就针对中国国内的财政补贴政策来实施对美国国内农业的财政补贴。特朗普政府掀起单边贸易的风波，以提高关税并重组现有贸易协议的形式，推行保护主义政策，挑起了中美经贸摩擦。在引来中国的报复措施后，美国农业受到了巨大的打击，尤其是大豆。为修复单边主义带来的破坏，特朗普先后对农业投入了440亿美元的补贴，但依旧无法弥补损失、逆转恶性发展。

总体来看，美国的财政补贴缺乏总体统一的逻辑，其对产业和经济造成的不利影响所有人都有目共睹，而美国之所以一直无法解决此问题，原因在于财政补贴政策一直受到政党和国际竞争形势的深刻影响。美国的两党制利弊都十分突出，两党在执政理念和关键问题上一直都存在着较大的分歧，共和党坚持小政府，相信“达尔文式资本主义”，认为应减少干预，而民主党支持政府干预市场经济，认为应发挥政府作用实现公平。执政理念的不同导致政策制定缺乏统一的逻辑，进而缺乏连续性。另外，以中国为首的新经济体的崛起，撼动着美国百年来的历史地位。为保护美国的霸主地位，财政政策随着国际形势的变换而变动。但由于国际形势为外界因素，并没有考虑美国国内产业发展的情况，财政政策随国际形势变动，对于产业发展而言也缺乏连续性。下文将以两党的斗争作为内因、国际竞争形势作为外因，分析财政补贴政策的形成和发展。

第二节　产业类财政补贴的发展逻辑内外因的阐述

一　内因

影响财政补贴政策的两大因素之一是民主党和共和党之间的党派斗争，称为内因。之所以称之为内因，原因在于执政理念的不同和不同政党所代表的阶级利益的不同往往成了左右政策制定和实施的内在源动力。美国虽然存在许多党派，但民主党与共和党最为庞大，19世纪40年代形成了两党制。

民主党主张扩大政府干预，而共和党对此持反对态度，体现在具体的产业政策上，两党的政策设计理念存在不同。下文以能源产业方面的财政补贴政策为例进行分析。奥巴马和拜登作为民主党派，支持采用政府干预措施来限制煤炭、化石燃料等能源的使用、限制二氧化碳等温室气体的排放，并花费大量财政补贴鼓励可再生资源的发展。同时，致力于减少碳排放以缓解全球变暖的问题，推动美国向新能源和低碳经济转型。而特朗普代表共和党，在他任期内美国解除了对煤炭行业、化石燃料行业的限制，放松了对温室气体的排放控制，减少政府的干预，让市场自由发展。在市场优胜劣汰的自然筛选下，煤炭行业还是持续下滑，新能源产业发展速度减缓，但转型趋势难以逆转。

综合来看，两党制的设计，一方面有利于维护民主制度。党派组建、四年一次的选举都加强了民众的政治参与，并为民众监督两党的选举政治、为民众评价政府政策提供了平台。但是另一方面，两党制下的党派竞争也导致了政策执行效率低下的问题。总统的权力受制于国会，国会两院的组成人员来自不同的两党，因此国会的权力又受制于两党。而两党的意见往往是相反的，所以许多关键决策难以落地。同时，两党也受限于各自背后的利益集团，政策能否推行还取决于利益博弈的结果。这也使美国的贫富差距问题、移民问题、禁毒控枪等突出问题长久得不到解决。

二 外因

影响财政补贴政策的另一个因素是国际竞争形势，在科技、能源、农业三个产业的补贴政策中都可以看到国际竞争因素的影响。之所以称之为外因，原因在于经济形势往往会促使财政政策补贴最终形成。比如，为了遏制近五年中国在5G、芯片等高科技方面的快速发展，拜登颁布了《芯片和科学法案》，封锁关键技术和部件对中国的出口，同时对美国相关科研机构、部门和企业给予大量补贴，以保障美国在科技方面的领先地位。

国际形势从第二次世界大战至今发生了重大的改变。第二次世界大战后，美国主导建立布雷顿森林体系，确定美元的核心地位，形成了美国一方独大的格局。从图 6－1 可以看出，1967 年欧洲共同体成立后，各大经济体的 GDP 总和都不如美国一国的 GDP 总值。步入 21 世纪后，欧盟、日本经济逐渐恢复，形成了多极化的世界格局。但实际上，在经济、政治、军事等方面，日本和欧盟都没有与美国抗衡的能力，都受到美国的控制。2008 年国际金融危机过后，美国霸主地位明显下滑，日本和欧盟的经济也进入了缓慢下滑阶段，而中国的经济发展正经历着最快速的发展。2020 年，新冠疫情暴发，中国对待疫情的处理方式及时且准确，稳住了经济发展增速，而世界的其他主要经济体都遭到了不同程度的打击。截至 2021 年，中国 GDP 总量为世界第二，达到了 17.73 万亿美元，占世界经济总量的 18.45%，相比 2020 年上升了 1.1 个百分点。美国 GDP 总量为 23 万亿美元，占世界经济总量的 23.93%，相比 2020 年下降了 0.67 个百分点。

美国霸主地位的动摇尤其体现在科技方面。美国作为互联网的发源地，在网络技术方面掌握着很多的关键核心技术，其中全球互联网所需要访问的根服务器中，美国几乎就占据了 90% 以上。而 2018 年底，中国华为率先实现了 5G 技术的突破；2019 年，华为生产出的麒麟芯片，更是再次证明了中国的科技发展速度。2018 年以来，全球科技互联网企业的各类排名中，中国的腾讯、阿里巴巴和京东稳居前十。由此可见，在美国最引以为豪的科技方面，也隐隐有被赶超之势。因此，想维护世界霸权的美国开始对相关行业、企业进行补贴、引导，以期保持美国在关键产业的领导地位。

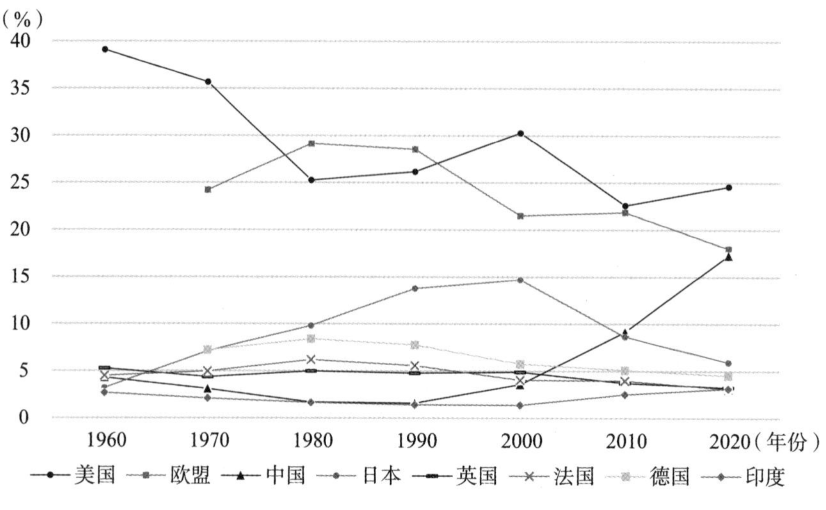

图6-1 1960—2020年各主要国家(地区)GDP总值占世界比重

资料来源:世界银行,https://data.worldbank.org.cn/indicator/NY.GDP.MKTP.CD。

第三节 产业类财政补贴的发展沿革

一 奥巴马时期

(一)党政背景

在经济方面,奥巴马代表的民主党支持“大政府”,认为政府应干预市场经济,人为避免自由主义带来的市场调节弊端。2008年的金融危机严重影响了美国经济的方方面面,打击了支持自由市场的共和党派,人们转而相信民主党派能带领美国走出危机。在民生方面,奥巴马在选举中提出了福利救助和“医疗保险”的计划,刺激了深受贫富差距困扰的美国低收入阶层。虽然共和党的主要追随者为富人和精英阶层，认为福利救助和医疗辅助只会增加税收负担，但是其余收入较低的支持者也转而支持奥巴马的计划。在国家安全方面，共和党派的乔治·沃克·布什作为上一任总统，在“9·11”恐怖袭击后，开展了持久的自由军事行动，先后发动了阿富汗战争、伊拉克战争，且频繁介入别国内政和军事行动，包括第二次利比里亚内战，2004年海地政变，巴基斯坦西北部战争，坎波尼战役，甚至介入俄罗斯参与的南奥塞提亚战争。这些举措都使美国人民对国家安全问题更加恐惧，并对共和党派失去信心。在这个背景下，支持民主党派的奥巴马的选民更多。

（二）经济形势背景

2008年的国际金融危机对世界各国的经济都造成了巨大的冲击。以主要经济体为例，日本和韩国实体经济收益率整体下滑，虚拟经济大幅缩水，国家金融业甚至是整体经济都受到严重影响：日本股市暴跌，外向型经济大受打击；韩国各大银行和企业出现“美元枯竭”现象。欧洲总体经济增长速度变缓，信贷紧缩，股市下跌，大批外资撤出欧洲市场，经济出现明显困难，部分国家（如匈牙利）出现了严重的经济危机。

相较之下，中国的经济发展没有受到较大的冲击。一方面，中国对外开放的程度还有限，金融体制没有与国际完全接轨，资本并未向国际开放。另一方面，中国的经济发展一直受到国家政策的保护，国家为了快速发展经济，对各大行业都进行了政策鼓励和补贴，进而快速缩短与世界强国的距离。正因如此，中国在各方面的财政补贴特别是农业方面经常受到美国的指责。

（三）三个产业的财政补贴

表6－1　　奥巴马时期科技、能源、农业产业财政补贴的主要内容

	补贴政策	颁布时间	政策基本内容	具体主要相关内容（部分）
科技类	《2009年美国复苏与再投资法案》［*American Recovery and Reinvestment Act of 2009*（ARRA）］	2009年2月17日	该法案的主要目的为： （1）保留并创造工作机会及促进经济复苏； （2）援助受经济衰退影响最严重的个人或者机构； （3）通过激励科学和健康方面的技术进步来增加提高经济效率所需的投资； （4）投资于交通、环境保护和其他会带来长期经济效益的基础设施； （5）为了避免基本服务的缩减以及国家和地方的税收达不到预期的增长，必须稳定国家和地方政府的预算	科研方面总计投入76亿美元： 向美国国家科学基金会提供30亿美元； 向美国能源部提供20亿美元； 向NASA提供10亿美元，其中包括“4亿美元用于与太空探索相关的活动，其中5000万美元将用于开发商业载人航天运输概念和使能能力”； 向美国国家海洋和大气管理局（NOAA）提供8.3亿美元，向美国国家标准与技术研究院提供6.1亿美元，其中6800万美元用于新的主要科学仪器（+100万美元）；2亿美元用于资助研究型大学的主要科学建筑建设，1.1亿美元用于新建筑和对Gaithersburg MD和Boulder CO校区的现有设施进行重大升级，包括能源效率和太阳能电池板阵列；2.3亿美元用于NOAA的运营、研究和设施； 向美国地质调查局提供1.4亿美元

续表

	补贴政策	颁布时间	政策基本内容	具体主要相关内容（部分）
科技类	高级研究计划署——能源 Advanced Research Projects Agency - Energy（ARPA - E）	2009年4月27日	任务是促进和资助先进能源技术的研究和开发。它以国防高级研究计划局（DARPA）为蓝本。 ARPA - E 有四个目标： （1）为能源研究带来新鲜感、兴奋感和使命感，吸引美国最优秀、最聪明的人才； （2）专注于行业由于高风险而无法或不会支持但具有高回报潜力的创新能源研究； （3）利用一个扁平、灵活和稀疏的类似 ARPA 的组织，能够长期维持那些承诺仍然真实的项目，同时逐步淘汰那些没有证明像预期那样有希望的项目； （4）创造一种新工具来弥合基础能源研发和工业创新之间的差距	2009年4月27日奥巴马从 ARRA 中为 ARPA - E 拨款4亿美元。 第一次提供资金：美国能源部和 ARPA - E 于2009年10月26日为37个能源研究项目授予了1.51亿美元的美国复苏和再投资法案基金。 第二次提供资金：2010年4月29日，副总统拜登宣布了 ARPA - E 从540多份初始概念论文中选出的37名获奖者。奖项从大约50万美元到600万美元不等，涉及各种国家实验室、大学和公司。 第三次提供资金：2010年7月12日公布 GRIDS、ADEPT 和 BEET - IT 下43个项目的评选结果，奖金总额为9200万美元，金额从40万美元到500万美元不等。 第四次提供资金：60个项目从 ARPA - E 2011财年预算中获得了1.56亿美元

续表

	补贴政策	颁布时间	政策基本内容	具体主要相关内容（部分）
科技类	“大脑计划” BRAIN Initiative	2013年4月1日	“大脑计划”是政府的重大挑战之一——雄心勃勃但可实现的目标，需要科学和技术的进步。自总统宣布“大脑计划”以来，数十家领先的技术公司、学术机构、科学家和其他神经科学领域的主要贡献者响应了他的号召，并为推进该计划做出了重大承诺。顶级神经科学家还为美国国立卫生研究院（NIH）制定了一项为期12年的研究战略，以实现该倡议的目标。“大脑计划”吸引了15亿美元的公共和私人研究资金	奥巴马政府提议为“大脑计划”提供超过3亿美元的资金
	成立两个制造创新机构、启动四个新的制造创新机构竞赛	2014年2月25日	目标为促进先进制造业、加强国防能力并吸引不断壮大的中产阶级所需的各类高质量工作。涉及金额超过3亿美元	首先，总统将宣布由国防部领导的两个新的制造业创新机构，得到1.4亿美元的联邦承诺和超过1.4亿美元的非联邦资源的支持：①总部位于底特律地区的企业和大学财团，将专注于轻量化和现代金属制造；②总部位于芝加哥的企业和大学联盟，将专注于数字制造和设计技术。 其次，总统还将发起一项新的制造创新机构竞赛，以增强美国在制造先进复合材料方面的实力。将在五年内提供高达7000万美元的资金，由国会拨款

续表

	补贴政策	颁布时间	政策基本内容	具体主要相关内容（部分）
科技类	精准医疗法案 Precision Medicine Initiative	2015年1月30日	这是一项大胆的新研究工作，旨在彻底改变我们改善健康和治疗疾病的方式。精准医学计划在2016年总统预算中投资2.15亿美元，将开创以患者为动力的研究的新模式，有望加速生物医学发现并为临床医生提供新工具、知识和疗法，以选择对于那些患者最有效的治疗方法。 精准医学计划的目标为：更多更好地治疗癌症；创建一个自愿的国家研究队列；保护隐私的承诺；监管现代化；公私合作伙伴关系	作为对广泛支持研究、开发和创新的有力投资的补充，2016年总统预算将为美国国立卫生研究院（NIH）、食品药品监督管理局（FDA）和国家办公室提供2.15亿美元的投资。卫生信息技术（ONC）协调员支持这项工作，包括： 向NIH提供1.3亿美元，用于发展由一百万或更多志愿者组成的自愿国家研究队列，以推动我们对健康和疾病的理解，并通过参与的参与者和开放、负责任的数据共享为新的研究方式奠定基础。 向NIH下属的国家癌症研究所（NCI）提供7000万美元，以加大力度识别癌症中的基因组驱动因素，并将这些知识应用于开发更有效的癌症治疗方法。 向FDA提供1000万美元，用于获取额外的专业知识并推进高质量、精选数据库的开发，以支持推进精准医学创新和保护公众健康所需的监管结构。 向ONC提供500万美元，用于支持开发解决隐私问题和实现跨系统数据安全交换的互操作性标准和要求

续表

	补贴政策	颁布时间	政策基本内容	具体主要相关内容（部分）
科技类	技术招聘计划 TechHire Initiative	2015 年 3 月 10 日	为促进中产阶级经济，以确保所有美国人都能为美国的复兴做出贡献并从中受益，要求为每个美国人提供获得更高工资所需的教育和培训。为美国人提供获得高薪技术工作的途径，并提供 1 亿美元的赠款	（1）超过 20 个具有前瞻性的社区正在承诺采取行动——相互合作并与国家雇主合作——扩大获得技术工作的机会。 （2）1 亿美元的联邦投资，用于培训更多工人并将其与技术和其他需求领域的好工作联系起来。 （3）私营部门增加工具和资源，以支持和扩大技术培训并持续创新，重点是服务于服务不足的人群，包括低收入女性、少数民族和全国的退伍军人
能源类	《美国复兴与再投资法案》［American Recovery and Reinvestment Act of 2009（ARRA）］	2009 年 2 月 17 日	该法案的主要目的为： （1）保留并创造工作机会及促进经济复苏； （2）援助受经济衰退影响最严重的个人或者机构； （3）通过激励科学和健康方面的技术进步来增加提高经济效率所需的投资； （4）投资于交通、环境保护和其他会带来长期经济效益的基础设施； （5）为了避免基本服务的缩减以及国家和地方的税收达不到预期的增长，必须稳定国家和地方政府的预算	1110 亿美元用于连接农村能源生产基地与城市的智能电网，以及在家庭中更智能地使用能源，550 亿美元用于为低收入家庭提供防御，415 亿美元用于通过建造联邦建筑物来减少联邦政府自己的能源费用更节能，623 亿美元用于支持州和地方能源工作，其中 60 亿美元用于培训人们从事绿色工作，以及 290 亿美元用于促进对电池存储技术的投资

续表

	补贴政策	颁布时间	政策基本内容	具体主要相关内容（部分）
农业类	2008 年《食品、保护和能源法案》（*Food, Conservation, and Energy Act of 2008*）（2008 U. S. Farm Bill）	2008 年 6 月 18 日	该法案是 2002 年农业法案的延续。它延续了美国长期以来的农业补贴历史，并在能源、保护、营养和农村发展等领域进行了探索，是总金额高达 2880 亿美元的五年期农业政策法案。 在农场监管方面，该法案侧重于调整支付水平和资格要求，同时提出新的平均作物收入选举计划。与此同时，引入了一项永久性灾害援助计划，并对农作物保险计划进行了调整。 在保护方面，实施了工作中的土地保护和改进的环境实践。保护安全计划的扩展催生了新的保护管理计划，这是一项影响生产者解决资源问题的自愿计划	具体条款举例： 拨款最高可达开发和建设示范规模生物精炼厂以生产“先进生物燃料”的成本的 30%，其中主要包括所有非玉米生产的燃料。 允许为建设商业规模的生物精炼厂以生产先进的生物燃料提供高达 2. 5 亿美元的贷款担保。 2009 年提供 7500 万美元给生物精炼项目，到 2010 年增加到 2. 45 亿美元。它还授权每年 1. 5 亿美元的可自由支配资金为程序。 2009 年提供了 5500 万美元支持先进的生物燃料生产，2012 年增加到 1. 05 亿美元。它还授权每年高达 2500 万美元的可自由支配资金
	《2014 年农业法》（*Agricultural Act of 2014*）（2014 U. S. Farm Bill）	2014 年 1 月 29 日	前身为 2013 年联邦农业改革和风险管理法案，是一项国会法案授权美国 2014—2018 年的营养和农业计划。该法案授权在未来十年内支出 9560 亿美元	法案支出细分： 食品券和营养 7560 亿美元； 作物保险 898 亿美元； 保护 560 亿美元； 商品计划 444 亿美元； 其他 82 亿美元

注：款项分类未全部列出。

（四）实施效果及影响

在科技、能源、农业方面的补贴政策都取得了较好的效果，推动了美国经济的复苏。2009 年，美国 GDP 增速为 -2.776%，到 2015 年则回升至 2.596%，其中 2016 年第三季度美国实际 GDP 初值同比上升 2.9%，再次达到较高水平。在奥巴马任期内，美国 GDP 年均增长 1.4%，美国经济缓慢复苏。虽然美国政治和社会还未从金融危机中完全恢复，但在奥巴马任期内正呈现逐渐好转的趋势。美国的就业机会连续增长，股市也迎来持续增长的八年，道琼斯工业平均指数上涨了 10000 多点。

奥巴马在能源方面的举措是美国历年减排的最重大措施之一。奥巴马当时表示，目前美国发电厂造成的碳排放占全美碳排放总量的 1/3，比汽车、飞机和家庭产生的碳排放总和还多。根据计划，到 2030 年，美国发电厂碳排放目标将在 2005 年基础上减少 32%，这比之前政府拟定的减排目标提高了 9 个百分点。此举意味着届时美国将减少 8.7 亿吨二氧化碳排放，其效果相当于 1.66 亿辆车停驶。

二 特朗普时期

（一）党政背景

上一任总统奥巴马虽然在前期带领美国走出金融危机，为恢复经济做出了突出贡献，但是后期在很多方面没有达到预期的目标。其中，奥巴马最具有代表性的医保改革，不仅没有达到原本改善医保福利的设想，反而带来了医保费用升高、财政赤字扩大的副作用。此外，奥巴马任期内，美国去工业化的程度达到了高峰，经济发展动力堪忧。美国人民失去了对奥巴马和民主党派的信任。

特朗普在换届选举期间，极力反对奥巴马的政治举措，并代表日渐萎缩的中产阶级发言。他主张恢复美国传统价值观、基督信仰、注重人权，并提出“美国优先”的口号，承诺“让美国再次伟大”。

（二）经济形势背景

在政治方面，世界政治格局的单极化特征淡化、逐渐趋于多极化，美国在国际上干涉国际事务、别国事务的力量有所减弱，而俄罗斯、日本、中国、德国等国在国际中的行动空间有所增大。其中，中国经济总量快速增长，成为世界第二大经济体，货物贸易进出口总值从 24 万亿元上升至 32 万亿元；以经济实力为代表的综合实力日益增强。

在经济方面，与近几十年持续兴起的全球经济一体化、区域一体化、贸易自由化趋势相反，世界经济一体化进程进入瓶颈期，反全球一体化运动兴起，世界经济的自由化程度降低，贸易保护主义抬头。

（三）三类产业类补贴的具体内容

表6-2 特朗普时期科技、能源、农业产业财政补贴的主要内容

	补贴政策	颁布时间	政策基本内容	具体主要相关内容（部分）
科技类	美国人工智能倡议（the American AI Initiative）	2019年2月1日	特朗普政府致力于加强美国在人工智能（AI）领域的领导地位。该倡议确定了五个关键努力方向，包括：（1）投资AI研发；（2）释放AI资源；（3）促进和支持AI创新国际环境；（4）为政府服务和采用值得依赖的AI；（5）培训AI劳动力	
	特朗普总统的2021财年预算	2020年2月11日	特朗普总统的2021财年预算投资1422亿美元用于联邦研发（R&D），比2020财年预算增加6%	人工智能：与2020财年预算相比，2021财年预算包括非国防AI研发的显著增加，并有望在2022年之前将非国防AI研发翻一番。 这一增长使美国国家科学基金会的人工智能研发和跨学科研究机构的支出超过8.3亿美元，比2020财年预算增加了70%以上。 能源部科学办公室将投资1.25亿美元用于人工智能研究，比2020财年增加5400万美元。 美国农业部将为农业和食品研究计划竞争性赠款计划提供1亿美元，以加强包括人工智能在内的先进技术在农业系统中的应用

续表

	补贴政策	颁布时间	政策基本内容	具体主要相关内容（部分）
科技类	特朗普总统的2021财年预算	2020年2月11日	除了研发，2021财年预算还包括对教育和职业培训的投资，这将有助于培养多元化和高技能的美国劳动力，以支持未来的工业。在美国国家科学基金会，另外5000万美元将用于AI和QIS劳动力发展，重点是社区学院、历史悠久的黑人学院和大学以及少数族裔服务机构	美国国立卫生研究院将投资5000万美元，用于使用人工智能和相关方法对慢性病进行的新研究。 在国防人工智能研发方面，DARPA（国防高级研究计划局）投资4.59亿美元用于人工智能研发，比2020财年增加5000万美元，国防部联合人工智能中心的预算从2020财年的2.42亿美元增加到2021财年的2.9亿美元。 量子信息科学：2021财年预算极大地支持了联邦QIS研发资金，与2020财年预算相比，关键机构的总投资增加了50%以上，使QIS研发有望在2022年翻一番。 美国国家科学基金会对QIS研究的投资将翻一番，达到2.3亿美元，比2020财年增加1.2亿美元。 能源部科学办公室在QIS研究上的支出将增加到2.37亿美元，这将促进QIS在国家实验室以及学术界和工业界的努力。这比2020财年增加了近7000万美元。 总统的预算包括2500万美元用于能源部科学办公室，以支持量子互联网的早期研究

续表

	补贴政策	颁布时间	政策基本内容	具体主要相关内容（部分）
科技类	《安全和可信通信网络法》（Secure and Trusted Communications Networks Act）	2020 年 3 月 12 日	立法目的是授权美国联邦通信委员会（FCC）决定和公布对美国国家安全构成风险的通信设备或服务清单，禁止美国高级通信服务商将联邦补贴用于购买威胁美国国家安全的通信设备或服务，并为通信商移除、更换和替代通信网络中构成此类威胁的通信设备或服务提供 10 亿美元的资金赔偿（“补偿计划”）	
能源类	取消奥巴马时代的气候变化法规； 撤销在联邦土地上租赁煤炭的禁令，取消限制石油和天然气生产中甲烷排放的规定，并减少了气候变化和碳排放在政策和基础设施许可决策中的重要性			

续表

	补贴政策	颁布时间	政策基本内容	具体主要相关内容（部分）
农业类	特朗普政府的农民救助计划	2017 年开始一系列补助	特朗普政府优先考虑单边贸易，以提高关税和重组现有贸易协议的形式推行严格的保护主义政策。美国退出了北美自由贸易协定，并且使用美国保护主义政策创建了 USMCA 。特朗普政府于 2017 年对太阳能电池和大型家用洗衣机征收关税，引发了与中国的经贸摩擦。中国的报复性关税针对的是美国农业，特别是大豆。为了提高贸易竞争力，特朗普政府公布了一项以国家援助的形式帮助美国农民的计划，向遭受中美经贸摩擦之苦的美国农民提供 120 亿美元国家援助的救助计划。2018 年，特朗普政府推出了 160 亿美元的新贸易援助。2019 年，特朗普政府将救助资金增加到 160 亿美元	2017 年美国农业部向受中国报复性关税影响最严重的农业生产者发放了高达 120 亿美元的财政援助。美国农业部的援助以直接现金支付给玉米、棉花、大豆、高粱、小麦、奶制品和某些肉制品的生产商的形式提供。由于对美国大豆出口的破坏性影响，大豆生产商收到的付款比任何其他农业生产商都多。大豆生产商从美国农业部收到了 73 亿美元的付款。由于农民的出口占收入的 20%，美国农业部发现有必要对农业生产者进行补偿以应对出口下降

（四）实施效果及影响

与奥巴马时期的补贴政策相比，特朗普的政策重心不在产业方面，他在科技、农业方面的投入远远不及奥巴马时期。

其中，农业方面，特朗普政府提供补贴主要是为了缓解中国的报复举措带来的冲击（而中国采取报复措施恰恰是由于特朗普对中国发起经贸摩擦）。在能源方面，特朗普完全推翻了奥巴马的能源计划，并积极鼓励美国煤炭、石油等能源的开发和使用，以刺激相关工业的发展并实现能源独立。

特朗普时期，美国的 GDP 和非农就业数据表现较好，但仅是美国加息缩表及减税政策促使全世界的美元大规模回流造成的。这些回流美国的美元不仅在推升 GDP 和就业，同时也推升了资产价格。从指数来看，资产升值远高于 GDP 增长的很多倍。这样的资本助长资产价格并不意味着真正的经济繁荣，因为美国一直是服务型经济。服务型经济分为两种：一种是金融服务；另一种是技术服务。美国这几十年来两种服务都得到了较大发展，金融服务上：美股和美国期货市场是全球经济的风向标；技术服务上：微软、英特尔、高通、谷歌、亚马逊、AMD、苹果等企业的技术输出到全世界并收取极高专利费，但同时这些科技企业相对于工业企业来说对就业及国民普遍收入的提高帮助并不大。这类科技企业是美国这些年外贸收益的主要创造者。而相对来说，美国基础制造业近年连续出现大收缩。表现数据有三项：①以科技企业为代表的纳斯达克表现明显好于道琼斯工业指数；②以波音、福特为代表的工业企业连年亏损并在不断裁员关厂；③美国的石油需求量并未有效增长。所以，美国的基础经济并未出现向好的迹象。除传统工业的不景气外，高科技企业 2021 年以来的财报也出现不同程度的下滑。特别是丧失了在 5G 领域的领先地位，让高通、苹果等企业丧失了在国际上赚取巨额贸易收入的机会。

三 拜登时期

（一）党政背景

在选举前几周，美国 COVID－19 感染病例创纪录地激增，这给特朗普的支持率造成了巨大压力。从总统对新冠病毒的嗤之以鼻，到声称 COVID－19“将要奇迹般地消失”，令民众对特朗普的信心受到打击。盖洛普民意测验显示，特朗普的支持率在 6 月的某个时候跌至 38%。

而拜登自参加竞选以来，就根据“科学”提出了应对疫情的方法。他向选民介绍了抗击病毒的详细计划，包括全国戴口罩，加大 COVID－19 测试的力度，等等，同时还就医疗保健和经济复苏提出相关建议。此外，比起激进的特朗普，拜登的形象更加镇定；他主张拥抱中间人，并提出了对各种政策的渐进式改良建议。

（二）经济形势背景

中东局势动荡不安，伊朗核专家和高官接连被暗杀。欧洲地区的局势也发生新的变化：特朗普在任期内不断增加各盟友国的军费承担份额，导致这些国家怨言不断，而拜登则公开承诺，上任后会重新修复与欧盟以及与欧洲各国之间的关系。此外，欧洲各国在欧洲主权建设上面持有不同的想法，法国竭力主张欧洲主权建设，法国总统马克龙在这方面表现得十分强硬，他认为未来欧洲可能会出现常规甚至核军备竞赛，所以欧洲应该增强自主能力。但是德国在这方面的态度却十分模糊，拜登上任后德国更倾向于依赖美国。

与特朗普的美国利益优先原则不同，拜登上台之后，美国重新回到多边机制，对外政策更加温和，有利于全球化的发展。

（三）三类产业类补贴的具体内容

表6－3　　拜登时期科技、能源、农业产业财政补贴的主要内容

	补贴政策	颁布时间	政策基本内容	具体主要相关内容（部分）
科技类	《芯片和科学法案》	2022年8月9日	该法案将在这一进展的基础上进行历史性投资，总额达2800亿美元，使美国工人、社区和企业能够在21世纪的竞赛中获胜。它将加强美国的制造业、供应链和国家安全，并投资于研发、科学技术和未来的劳动力，以保持美国在未来产业的领导地位，包括纳米技术、清洁能源、量子技术计算和人工智能	巩固美国在半导体领域的领导地位。芯片和科学法案为美国半导体研究、开发、制造和劳动力发展提供了527亿美元。这包括390亿美元的制造激励措施，其中20亿美元用于汽车和国防系统中使用的传统芯片，132亿美元用于研发和劳动力发展，以及5亿美元提供国际信息通信技术安全和半导体供应链活动。它还为制造半导体和相关设备的资本支出提供25%的投资税收抵免
能源类	《通胀削减法案》（*Inflation Reduction Act*）	2022年8月16日	该法律将筹集7370亿美元并授权3690亿美元用于能源和气候变化支出，3000亿美元削减赤字、三年《平价医疗法案》补贴、处方药改革以降低价格和税收改革。其中为农业保护、农业信贷和可再生能源提供了近330亿美元资金	拜登总统的签署通胀降低法案，其中法律将3690亿美元用于能源和气候变化支出。该法是美国历史上应对气候变化的最大投资。根据几项独立分析，该法律预计将使美国更接近拜登的目标，即到2030年将温室气体排放量减少到比2005年水平低50%

续表

	补贴政策	颁布时间	政策基本内容	具体主要相关内容（部分）
农业类	《通胀削减法案》（*Inflation Reduction Act*）	2022 年 8 月 16 日	该法律将筹集 7370 亿美元并授权 3690 亿美元用于能源和气候变化支出，3000 亿美元削减赤字、三年《平价医疗法案》补贴、处方药改革以降低价格和税收改革。其中为农业保护、农业信贷和可再生能源提供了近 330 亿美元资金	农业保护方面，该法案为现有的农业保护计划追加 180 多亿美元资金，包括为环境质量激励计划追加 84.5 亿美元，为区域保护伙伴计划追加 49.5 亿美元，为保护管理计划追加 32.5 亿美元，为农业保护地役权计划追加 14 亿美元。这些项目通过提供资金和技术援助激励私人土地所有者对农业土地实施保护措施以减缓气候变化。此外，该法案还将为保护技术援助提供 10 亿美元，为碳封存和温室气体排放量化提供 3 亿美元。 农业信贷方面，该法案将提供 31 亿美元用于减免困难农业借款人的债务，并提供 29 亿美元用于援助困难农、牧和林场主。 可再生能源方面，该法案将为农业法案的能源项目提供 132 亿美元，包括为可再生能源发电提供 10 亿美元贷款，为农村能源计划提供约 17 亿美元，为可再生能源技术应用提供约 3 亿美元，为增加销售和使用基于农产品的燃料提供 5 亿美元，为农村合作社购买可再生能源及系统、零排放系统、碳排放和储存系统等提供 97 亿美元等

（四）实施效果及影响

在科技方面，与以往奥巴马广泛推动、特朗普对人工智能的简单鼓励计划不同，拜登受到中国等东亚国家芯片等高端科技快速发展的影响，颁布了具有针对性的法案。这体现了国际竞争形势对美国财政补贴政策的影响。目前，《芯片和科学法案》打击了中国等东亚国家的科技发展，并且通过发放巨额补贴的形式，想将大量企业吸收至美国本土。这将改变各地区半导体企业的数量，影响芯片市场在地区间供给的平衡。

在能源和农业方面，拜登明显恢复了民主党派的作风，对农业进行了从农业生产到农业信贷的系统性的补贴。同时，强调气候问题，对可再生资源加大财政投入，并限制温室气体的排放。根据几项独立分析，《通胀削减法案》预计将实现到2030年把温室气体排放量减少到比2005年水平低50%的目标。

第四节 美国产业类财政补贴对中国的启示

一 中美对产业类补贴的区别

（一）科技补贴

中国对于科技方面的补贴可分为国家、省、市、区、乡镇等不同层级单位发放的补贴，同时也有银行依据国家政策发放相关补贴，补贴对象以企业为主、个人为辅，由政府出资，每年连续发放。企业需要主动向各级政府、银行申报补贴项目，由政府、银行的相关部门进行了解和评估，评估内容包括项目本身的大小、盈利水平、创新程度等，最终依据政策文件的档位发放补贴。

美国在科技产业的补贴为联邦政府筹集资金面向全国，资金来源不仅包括由联邦政府直接出资，也有企业的参与，由联邦政府向社会各界筹集。补贴的具体行业走向十分确定，对应的补贴对象主要为科研机构、科研部门，而非企业或个人。同时补贴的形式多样，从直接补贴到竞赛的奖金（即竞争性补贴）。但是各补贴政策都有明显的时效性短的特点，总统换届往往导致以往的补贴政策被取消。

（二）能源补贴

中国能源方面的补贴主要目的在于加速相关行业的快速孵化，所以各补贴政策的核心在于消除准入障碍，补贴直接的受益对象为企业本身。此外，中国能源补贴规模还具有地区分布的特点，由东往西递减，东部沿海地区收到的能源补贴总规模较大，中部地区相对较少，西部地区补贴最少。

美国在能源产业的补贴主要针对技术本身的研究开发，通过新技术的出现和推广，提升企业、个人可再生能源的使用比重，进而降低政府的管理成本。

（三）农业补贴

中国对于农业的财政补贴以直接、间接补贴为主，同时还有市场价格支持和相关服务措施的支持，包括肥料价格的优惠及对从业人员的技术培训等。整体的农业补贴与市场、进出口等方面相配合，按照国家的规划系统性安排和发放，具备美国缺乏的连续性和稳定性。

但是直接、间接补贴中，中国农业保险补贴的发展水平还与美国有一段距离。中国的农业保险补贴发展时间较短，于 2007 年才开始试点推广，同时不同层级的政府分散承担对农业的财政补贴。美国的农业保险补贴比中国早了将近 30 年的发展历程，由联邦政府统一向全国农业进行补贴。

目前，中国农业保险补贴整体水平较低，一方面受保障的农作物品种较少，另一方面发生保险事故时只对部分符合要求的损失赔付。相较之下，美国可选的保险农作物品种高达数百种，同时普遍实行的标准为比历史水平低即可获得赔付。

在保险本身的运作方面，中国农业保险由于受政府管理缺乏风险评估，补贴机制也较为基础和陈旧，相比之下，美国的农业保险由保险公司直接参与，具备市场上的风险评估管理，更为科学。

二　对中国产业补贴的启示

首先，中国应转变逻辑，从对终端的补贴转移至对前端的补贴。

在科技和能源方面，中国往往都是对企业最终生产的产品进行评估，然后对应最终产品的表现向企业以往的投入进行补贴、资金回血。但这就导致产品和技术在前期研发、测试的过程中缺乏资金，设备、环境都远不及发达国家水平。美国则将补贴直接发放给科研机构、科研部门，从前端提高整体的水平，将资金直接投放在战略地位高的行业及其前端研究开发阶段，更有利于推动科技和能源的发展。

其次，中国应加强政企合作，减少政府的投入，增加企业的投入。目前中国对科技、能源、农业的引导还是以政府直接出资补贴为主。参考美国联邦政府的集资方式和引导企业主办、承办整个补贴项目，中国政府应该引导企业及市场参与相关行业的发展，如目前鼓励企业到乡村参与“乡村振兴”政策，在科技、能源等方面也应该对企业、市场有所引导。同时，政府应加大与科研机构、各高校的合作，且引导企业与科研机构、各高校合作，加速资金向关键环节的流动。

再次，中国应减少专向性补贴，转而增加竞争性补贴。虽然专向性补贴能直接解决某一行业、某一环节薄弱的问题，为刚成型的行业提供沃土使其快速发展、成熟、具备竞争力，但是这类补贴可能会降低该行业内企业的发展动力和竞争动力，同时滋生腐败问题，且会引来国际上的不满。而竞争性补贴一方面可以保证资金流向关键行业，同时也能激励行业内的企业相互竞争、不断创新。

最后，中国的补贴政策虽然在总体思路和体系上具备优势，但是具体的操作还有很多改进的空间。如在科技领域，中国应从鼓励单项技术创新转为鼓励科学技术的集成，加速科学技术到产品产业的过程。在农业方面，中国也应该及时更新农业保险补贴的管理，丰富受保的农产品品种，切实维护农业生产的利益。

三 针对多变的美国财政补贴，中国如何应对

在分析美国对科技、能源、农业产业的补贴政策中，美国受国际形势的影响十分明显，并针对性地颁布了补贴政策，其中美国对中国的针对政策尤为明显，包括奥巴马关于中国对农业政策的批判和针对，特朗普引发“中美经贸摩擦”并后续对农业进行针对性补贴，拜登针对中国华为等企业的芯片技术突破颁布《芯片和科学法案》，并且多次对芯片企业进行直接拨款补助。结合目前美国在“俄乌冲突”中对俄罗斯的多方面针对和制裁，中国应随时对美国的针对做好准备。

一方面，从全球经济形势来看，目前数字经济已经成为全球经济新的增长极，数字服务贸易占比迅速上升。中国在寻求数字经济背景下两国数字治理合作的可能性、不断突破两国合作的“天花板”的同时，积极推动全球数据治理的多边机制，参与 G20、OECD 等国际组织在数字货币、电子商务规则等领域的数据规则制定，共同推动出台更多具体应用场景的可操作、可执行规范。此外，还应推动在印太地区开展数字经贸合作、推动数字治理的相关规则制定。结合数字经济协定签署的集中地、数字税等数字规则的覆盖地来看，印太地区是全球数字博弈的重点区域。中国可就数字“一带一路”倡议与美国数字

经济战略进行战略调适，协调在数字经济领域的利益冲突，弱化“对抗”意图，避免在印太地区形成战略对抗，争取形成由竞争向竞合转变的良性互动。

另一方面，中国应联合东盟等经济伙伴坚持传统亚太区域合作：加快《区域全面经济伙伴关系协定》的落地以及加入《全面与进步跨太平洋伙伴关系协定》的相关谈判，积极推动加入数字经济伙伴关系协议（DEPA）的进程，寻求《中欧全面投资协定》的重启和签署，确保中国在全球产业链和供应链中的重要地位。

此外，金融领域的安全也是维护国家安全的核心。适度控制中国资本自由流动的程度，实现独立货币政策和稳定的汇率才能调节稳定经济。中国应持续提高对金融行业新技术的应用和新技术的自主研发能力，降低外部依赖，以实现金融行业从 IT 底层的基础软硬件到上层的应用软件全体系的安全、可控，构建具有中国特色、独立自主、安全可靠的技术基础设施。

最后，中国应积极参与全球科技合作与治理，坚定走自己的科技发展国际合作道路。同时做好中美两国科技持久战的必要准备。特别是在人才培养、科研创新方面要做好准备，确保未来能应对美国可能的科技全面封锁。对此，中国要加大相关人才的持续培养力度，并加强保持科研创新活力的思想建设、组织建设和系统建设。

第七章

医疗补贴:全民医保在效率和公平之间摇摆

政府介入医疗市场的原因是复杂的。一方面，医疗服务本身具有外部性，且由于个体失灵问题的存在，社会福利进一步受到损失，例如，接种新冠疫苗，能够降低他人被传染的风险；另一方面，医疗市场十分特殊，这种特殊性在于，该领域信息不对称问题极为严重。主要在于医生较患者具有信息优势，患者较保险机构往往掌握更多信息。

医疗保险领域需要政府介入，各界对这一点的观念是一致的。但是医疗保险应该由政府还是市场提供，至今仍没有定论。在医疗保险由不同主体提供时，政府对其支持方式有所不同。在实践中，美国是全世界医疗支出最高的国家，医疗保险供给以私人为主，但民主党派一直致力于加大政府介入力度、建立全民保险体系。在本章，我们想要重点关注以下三个问题。

（1）在美国医疗保险供给模式下，财政如何对医疗保险予以补贴?

（2）医疗保险私人供给产生了哪些积极影响和消极影响？美国居

高不下的医疗支出，是否与其医保私人供给为主的供给模式有关？

（3）民主党建立全民保险体系的意图何在？

为回答这三个问题，本章讲述美国医疗补贴现状、变迁逻辑、发展沿革，提出对中国医保领域改革的启示。

第一节　医疗补贴现状

一　美国医疗补贴制度建立在其独特的医疗体制上

观察美国医疗补贴现状，首先要注意到，美国医疗体制与世界上的大多数国家有所不同，美国是发达国家中唯一没有推行“全民医保”的国家。在美国，医疗服务和医保供给均以私人为主、公共为辅，美国的医疗补贴建立在这种独特的医疗体制上。

政府对医保予以补贴主要在于医疗服务具有较强的外部性，且关系到社会稳定。外部性的例子有很多，例如，如果人们接种了新冠疫苗，能够降低自己将新冠传染给他人的风险，他人也会从其接种中受益。然而，一些人可能由于无法准确预期自己的健康状况、收入较低等因素，缺乏购买医疗保险的意愿或能力。这不仅不利于整个社会福利的提高，而且有可能催发社会不稳定因素。政府通过补贴医保，能够使更多人享受到医疗服务，促使社会福利的提升。

美国私人供给为主的独特医疗体制，使其医疗补贴制度的完善更为必要。这一体制影响医疗补贴制度的机制在于，有能力购买医疗保险的人更少了，这意味着美国需要设计规模更大也更完善的医疗补贴制度。

此外，在医疗市场上，信息不对称问题极为严重，进而导致了医疗保险市场上逆向选择、道德风险等问题。医疗市场中，病人作为医疗服务的需求方，由于医学知识的缺乏，往往不清楚自己的需求。因此，他们的需求严重依赖医生建议，医生出于自身利益往往会过度提供服务，从而导致了过度医疗。当保险被引入医疗市场后，信息不对称产生的问题增多了，例如逆向选择、道德风险等。

信息不对称问题的解决方法和难易程度受到医疗供给主体的影响。

逆向选择问题可能会导致越来越多的投保者退出保险市场，在医保由私人和公共供给时，该问题的应对模式不同，私人供给下的解决模式更有利于效率，而公共供给下的解决模式更有利于公平，有能力购买医保的人也更多。如果保险公司向所有人收取相同保费，那么只有高风险的个人愿意投保，保险公司将提高保费，随后更多参与者退出，随着这个过程不断重复，最后医疗保险市场将不复存在。在医疗保险由私人供给的情况下，解决逆向选择问题的通常做法是完善关于投保人的健康信息，对不同风险的个体收取不同保费，即经验费率法。但如此一来，有严重疾病的个体会因为高昂的保费而失去治疗的机会，这种做法不利于社会的稳定。但政府可以对他们予以补贴，促使其参与医疗保险。但当医疗保险由政府供给时，政府可以强制所有人参保，并制定统一的保费，这样虽然损失了效率，但更有利于公平，因为所有人都能够享受到同等的医疗服务。在保险由雇主提供时，也可以采用团体费率法从而达到类似的效果。理论上，对于逆向选择问题，当医保由政府供给时，有能力购买医保的人更多。

道德风险问题和过度医疗都会造成医疗资源的浪费和医疗费用的激增，虽然在理论上，医疗保险的供给方到底是市场还是政府，并不会对这两个问题的解决效果产生太大影响，但在实践中存在着差异。因为问题的解决关系到利益的重新分配，当医疗服务和医保由公共供给时，利益冲突存在一定的缓冲地带，此外，国家强制力的存在也有利于问题的解决。首先，道德风险问题会引发对医疗服务的需求过度，该问题有两个方面：一是风险被分散后，投保人有可能忽视自身的健康，导致医疗服务需求上升；二是如果对医疗服务的需求曲线向下倾斜，那么当个人医疗费用部分被保险机构分担后，个人对医疗服务的需求将随之上升。解决该问题的通常做法是，对于道德风险较高的领域采用个人自付模式。对于这一做法，无论医疗保险由市场还是政府提供，至少在理论上没有太大差别。此外，过度医疗问题会引发医疗服务的供给过度。该问题在于，由于医生掌握了关于患者病情的更多信息，出于自身优势，他们凭借自身的信息优势倾向于提供过多的医疗服务。为解决这一问题，各国不断改进医疗费用支付模式，不断压缩医生利用信息不对称赚取利益的空间。

二　美国医疗补贴推动医保覆盖群体扩大

在美国医疗私人供给为主的独特体制下，有能力购买医疗保险、享受医疗服务的人更少了，在实践中，美国医疗补贴的主要对象也是这类因收入较低或者风险较高等因素缺乏购买能力的群体。通过补贴这类群体，医疗补贴制度推动了美国医保覆盖群体的扩大。

Pope（2019）统计整理的数据显示，政府在医疗领域的补贴对象主要是65岁以上老年人和中低收入群体。如表7－1所示，65岁以上或残疾人士享受政府医保，该部分群体约占总人口的17%；医疗补助和儿童健康保险计划（Child Health Insurance Plan，CHIP）对低收入群体进行补贴，约覆盖19%的人口。联邦政府的医疗保险资金来自对雇主和雇员的税收，医疗补助则来自联邦和州共同出资。得益于医疗补贴，美国有91%的人口拥有医疗保险。

表7－1　　美国医疗保险

覆盖群体	人口比例	强制支出	自愿支出
政府医疗保险（65岁以上或残疾人士）	17%	提供医院、医疗和处方药服务，一些牙科保险可以通过私人供给获得	个人支付医生服务和处方药费用的25%，大部分医疗服务共同保险和免赔额，可以通过补充保险减少
医疗补助/儿童健康保险计划（Child Health Insurance Plan，CHIP）（低收入群体）	19%	全面覆盖医院、医生和处方药服务，一些州也提供了部分牙科服务	名义支出

续表

覆盖群体	人口比例	强制支出	自愿支出
个人	16%	政府补贴减轻了中低收入者的保费负担	保险费率包括医院护理、医生服务和处方药费用
雇主	56%	—	保险费率包括医院护理、医生服务、处方药费用和牙科服务
无保险	9%	向医院发放补贴	超过医疗慈善门槛的部分，由病人自付。体检和牙医服务自付

资料来源：Manhattan Institute。

根据美国白宫最新声明，现在医疗保险覆盖情况可能较 Pope（2019）提供的数据更好，他们声明，由于 CHIP、医疗补助和《平价医疗法案》（ACA），如今只有 4% 的人没有保险。美国现行的医疗补贴政策主要是“双 M”保险计划（The Medicare and Medicaid Act, MM）、儿童健康保险计划（CHIP）和《平价医疗法案》（ACA），这些项目提供的医疗补贴主要流向了中低收入、疾病风险较高的弱势群体。其中，“双 M”保险计划补贴对象主要是老年人、残疾人、低收入人口等弱势群体；儿童健康保险计划主要为中低收入家庭的儿童提供保险；《平价医疗法案》则增加了对中低收入群体的补助。表 7 – 2 为美国现行主要医疗保险制度。

表 7 – 2 美国现行主要医疗保险制度

制度名称	出台年份	补贴对象	资金来源
“双 M”保险计划（The Medicare and Medicaid Act，MM）	1965	老年人、残疾人、低收入者等弱势群体	包括医疗保险（HI）、补充医疗保险（SMI）两部分，前者资金来自社会保障工资税，后者的 25% 来自申请人的投保金，余下 75% 由政府一般收入支持
儿童健康保险计划	1997	中低收入家庭的儿童	计划所需资金由联邦和各州共同承担，联邦向各州提供配套资金，但各州自行决定是否需要参保人分担费用。较“双 M”保险计划，该计划降低了儿童医疗补贴的准入门槛
《平价医疗法案》	2010	中低收入群体	补贴资金来自财政拨款，并建立财政收支平衡机制来为医改法案提供资金支持，如严格执行医疗税收优惠政策并征收行业费、对医疗设备制造商征收消费税、对销售高成本医疗保险计划的保险公司收费等

第二节 美国医疗补贴变迁逻辑

一 医疗补贴变迁内因

第二次世界大战结束后，美国政府将医保改革聚焦于扩大医疗服务可获得性上，但民主、共和两党在改革目标与路径上相去甚远。民主党目标更大更远，旨在建立起广泛覆盖的全民医保，因此在政策设计上，除提供直接医疗补贴外，他们还屡次做出了强制参保的尝试；相较而言，共和党反对政府对医疗市场的过多干预，因此他们所主张的政策干预柔和得多，多为提供间接补贴、控制费用等，此外，他们也一直在为控制医疗补助规模而努力。

由于两党在医疗补贴领域立场迥异，而在美国的政党制度下，为获得更多选票，两党提出的政策往往会过于激进，使政策设计中鲜见中庸之道。这就导致了在两党交替执政中，医疗补贴政策左右摇摆，严重影响了政策稳定性与确定性。

二　医疗补贴变迁外因

虽然两党在医疗改革方向上始终未达成一致，政策也始终处于左右摇摆之中，但整体而言，美国医疗补贴在受众群体和补贴金额上均呈扩大趋势。每当经济衰退出现，人们对社会保障的需求都会变得更为突出与迫切。医疗补贴是社会保障中的重要部分，一次次的经济衰退助推了人们对医疗补贴的需求，为医疗补贴规模的扩大创造了条件。

第三节 近年来美国医疗补贴发展沿革

自私人为主的医保体系形成以来，美国百年医疗改革之路无比坎坷，经历了数次起起落落，这在医疗补贴改革上体现为补贴规模在扩大与缩小间摇摆不定。导致补贴规模极大不稳定性的直接原因是，美国民主、共和两党在是否要构建“全民医保体系”上意见不一。民主党主张构建起覆盖广泛的公共医保体系，其终极目标是实现全民医保，而共和党反对政府在医疗市场中的权力扩张，这两派的观点受到了不同利益集团的支持。在政党交替、政治经济与社会环境变化中，医疗补贴规模在扩大与缩小之间左右摇摆。

近年来美国医疗补贴改革，也是围绕着医保覆盖率展开，核心是《平价医疗法案》之争。在民主党与共和党交替执政中，医疗补贴改革延续了在扩大和缩小间摇摆的这一规律。奥巴马在任期间签署的《平价医疗法案》，是“双 M”计划民主党医改的最高成就，该项法案扩大了对中等收入群体的医疗补贴，此后几任总统的改革多是在该法案基础上的调整。而特朗普上任伊始，就开始为废除这项奥巴马的政治遗产而努力，在他任职期间，奥巴马推进全民医保的政策成果遭到了破坏。拜登上任后，又对遭到破坏的《平价医疗法案》进行了修复。

美国医疗补贴改革的成与败，都与当时的经济、社会和政治环境有关，只有适应时代背景的改革路径，才能取得成功。且由于医疗市场问题的系统性，医疗补贴改革和其他医疗改革往往是协调推进的。由于医疗补贴改革牵涉利益之广、背后问题之复杂，为保障改革的顺利推进，每次改革都并非独立于医疗制度的其他方面。医疗补贴规模的扩或缩，与提高医疗效率、降低医疗费用等方面的变革往往整体协调推进。因此本节虽然重点关注医疗补贴，也会介绍美国其他方面的医疗改革，以更好地帮助理解美国医疗补贴改革的变迁逻辑。

一　奥巴马任职期间：《平价医疗法案》成“双 M”计划以来民主党医改最大成就

（一）政策目标与背景

在《平价医疗法案》出台前的一段时期，美国无保险人数和医疗费用增长问题越发凸显，金融危机严重打击了经济社会运行的稳定性，作为民主党派人士，奥巴马此次医改的核心目标一如既往的是全民医保，但是也兼顾了中产阶级这一重要群体的需求。这一法案旨在解决困扰美国医疗体系多年的三个问题，即医保覆盖率低、医疗费用高、服务效率低。该法案得以出台，不仅得益于当时的经济社会与政治背景（民主党在参众议员中的席位优势），而且该项法案设计吸收了前期民主党医改工作的宝贵经验，兼顾了各个阶层的利益。

该法案在一定程度上损害了医保企业、小企业主和一部分医保覆盖群体人群的利益。该部分群体是此次改革中的主要反对力量。该部分群体不仅会因该法案会受到更加严格的监管，而且要因法案的筹资而缴纳更多税金，他们是此次改革中的主要反对力量。

奥巴马医改提高了无医保人群、少数种族、年轻人和低收入者的获保比例，该部分群体是医保改革的坚定拥护者。在该项法案出台之前，美国约有4700万人没有医疗保险，占美国总人口的15%左右，这些人主要是中低收入阶层和在中小企业工作的人群（任丽娜，2019）。保险人和被保险人之间健康风险信息不对称所导致的逆向选择，是参保率低下的主要原因（Hackmann et al.，2012）。

此外，该法案为降低医保费用和提高服务效率而做出的努力，响应了中产阶级的呼声。2000—2008年，医疗保险支出占同期财政支出和当年GDP的比重逐年稳定增长。在法案出台前的50年内，美国的医疗保险支出平均比人均实际GDP增长快2—2.5个百分点。企业对医疗保险支出的税务处理、医生的过度医疗行为等，均是造成这种不可持续的支出增长率的原因。除覆盖率低和费用高外，美国医疗服务的效率也亟待提高，美国医疗体制中，医生花费大量时间和精力用于应付医疗保险、授权和诉讼事务的现象普遍存在，医疗体制运行效率低下，使医疗服务的质量也得不到切实保障（王俊等，2010）。

2010年3月，美国国会通过了奥巴马政府的《平价医疗法案》（*Patient Protection and Affordable Care Act*，*PPACA*）。2010年12月，国会又通过了《美国全面医疗改革法案》，这也是美国历史上第一次将全美合法居民的医疗保险计划覆盖率提高到95%。在该法案中，除了加大对病人的补贴和医疗设施投入外，还对医疗税收和医改补助制定了更加严格的规范，以在不额外增加新的赤字的前提下，达到完善医疗体系的效果。

（二）主要内容

2010 年 3 月 21 日，美国国会众议院通过了《平价医疗法案》。该法案的主要内容包括：扩大公共医疗保险范围，提高对中低收入家庭的补助；对雇主支付职工医疗保险提供选择及补贴；建立新的国家保险市场；加大对基础医疗设施投入，转变对医疗保险提供者的补偿机制等（王俊等，2010）。该医改法案计划在 10 年内耗资 8710 亿美元，这些资金全部来自财政拨款。新医改方案计划建立财政收支平衡机制来为医改法案提供资金支持，机制主要包括：修复税收漏洞，严格执行医疗税收优惠政策并征收行业费，制定适度消费税，对医疗设备制造商征收消费税，对销售高成本医疗保险计划的保险公司收费，规范医疗保险费用（王俊等，2010）。

（三）法案实施效果

奥巴马医改在名义上扩大了医疗保险的覆盖范围，但一方面，该法案涉及的医疗服务质量并没得到保障；另一方面，政府医疗补贴成本激增加上筹资方式不可持续，医保覆盖扩大仍困难重重。此外，医疗费用也没有得到很好的控制。

为避免逆向选择导致死亡率螺旋式上升，该项改革包括了一些强制条款，但是却没有为政策受众预谋出路。因此，风险补偿方式的缺失导致了医疗保险保费上涨，保险交易市场严重不足则导致了可供民众选择的医疗保险十分有限。医改中包括了保险公司不得拒保等条款，公司为维护自身利益，只得提高保费以增加抗风险的能力。

对于法案旨在直接降低医保费用的条款，是否能够产生效果也并不明朗。对于PPACA是否能够降低医保成本，Wilenskey（2011）主要围绕法案中两项旨在对支出产生直接影响的策略——对高成本医疗保险计划征收所谓的“凯迪拉克税”（cadillac tax），以及建立独立支付咨询委员会（Independent Payment Advisory Board，IPAB），给出了他的看法。对于凯迪拉克税，一方面，这项税收最终可能将被转嫁给雇员；另一方面，这一税收的门槛非常高，Wilenskey（2011）指出，很难看出这一规定会对医保成本的降低产生多大影响。建立IPAB是一项更加直接地控制医保支出的计划，该计划规定，从2005年开始，如果医保支出超过GDP的一定比例，IPAB将向国会提出具有约束力的建议，以减少医保支出，Wilenskey（2011）认为，在按照规定执行的前提下，IPAB减缓医保支出的可能性显然存在。

此外，该法案实施后，政府医保支出剧增，而该法案又缺乏可持续的资金来源。该项法案颁布后不久，国会预算办公室（CBO）估计PPACA将获得5260亿美元的收入，主要来自卫生行业和高收入家庭的税收，并在2009—2019年支出4010亿美元——净赤字减少1250亿美元。从PPACA的实际效果来看，该法案实施后，大幅增加的税收和医保支出的削减超过了新的医疗福利成本，从而使2009—2019年的预算赤字减少了2750亿美元。与此同时，该法案的资金支持大部分来自税收而非赤字的削减，医疗福利的成本并未得到很好控制，受退休人口剧增和医疗费用上升推动，2008—2016 年间，联邦社会保障和医疗福利支出飙升了 59%。筹资方式不可持续，导致医保覆盖面的扩大困难重重。未来的立法者关闭日益增长的预算赤字的选择减少，同时，医疗福利支出持续增加，平衡长期预算更加困难（Riedl，2017）。

二　特朗普任职期间：屡次受阻，但《平价医疗法案》成果仍遭破坏

（一）政策目标与背景

不断攀升的政府医疗支出，叠加《平价医疗法案》颁布后较承诺效果的差距，使原就不看好全民医保的共和党派特朗普一上任，就想要废除《平价医疗法案》这项奥巴马的政治遗产。特朗普上任首天就中断了奥巴马医改法案的执行。随后，特朗普提出了奥巴马医改的替代方案《2017 年美国卫生保健法》（*American Health Care Act of 2017*，*AHCA*），试图通过废除强制参保、以间接补贴取代直接补贴、限制补贴额度等方式，削弱废除《平价医疗法案》的影响，纵使这项法案保留了一些《平价医疗法案》受到较为广泛支持的条款，但由于反对群体之广泛，未获得国会通过。随后的一系列更为激进法案也以失败告终，最终，特朗普使用行政命令限制了奥巴马医改政策的推行。

由于《平价医疗法案》增加了国家财政、部分企业与个人的负担，特朗普的改革举措受到了医疗行业主体、小企业主和一些家庭的支持。

但特朗普的改革举措也受到了很多群体的反对。由于奥巴马医改实行的《平价医疗法案》（*Affordable Care Act*，*ACA*）维护了绝大多数美国公民的医疗权益，使美国96%的人拥有了医疗保险。特朗普的医改一旦通过，将会使医保覆盖面再次大幅缩减，因此不仅受到了中低收入群体、很多医疗团体的反对，连共和党内部也有一些人士认为改革过于激进。国会预算局（Congressional Budget Office，CBO）预测，AHCA 在执行的第一年将会使没有医疗保险的人数增加 1800 万，到 2026 年，没有医疗保险的人数将增加 3200 万。

（二）主要内容

特朗普起初想通过《2017 年美国卫生保健法》（*American Health Care Act of 2017*，AHCA）削弱《平价医疗法案》影响，但未获得国会通过。随后，他用行政命令限制奥巴马医改政策的推行。

《2017 年美国卫生保健法》主要内容如表 7－3 所示。

表 7－3　《2017 年美国卫生保健法》主要内容

1	取消雇主和个人强制令及相关处罚，代之以一次性保费增加 30% 之前在指定时间段（63 天）内没有保险的人
2	允许各州确定基本健康福利，即保险单内容

续表

3	基于年龄计算支付保险费的税收抵免和补贴，并取消减少自付费用的“成本分摊补贴”
4	通过具有类似于高风险池功能的“长期州稳定和创新计划”，向健康保险公司提供资金，以稳定保费并促进市场参与
5	通过使用较低的通货膨胀指数来限制非残疾儿童和非残疾成人的每位参与者支付的增长，从而减少相对于现行法律的医疗补助支付
6	废除对根据《平价医疗法案》建立的高收入者征税，废除对健康保险提供者的年费，并推迟对高保费健康计划征收消费税
7	允许保险公司向老年人收取的保费是年轻人的五倍，除非国家设定不同的限制
8	取消可能用于保险公司管理成本和利润的保费份额（即“最低医疗损失率”）的上限

表7－4　　奥巴马《平价医疗法案》（ACA）和特朗普《2017年美国卫生保健法》（AHCA）内容对比

	ACA	AHCA
强制参保	个人没有参保将受到所得税罚款； 要求雇主对员工负担保险	没有对个人或雇主的要求； 保险公司可以对保险失效超过63天的消费者征收一年30%的附加费
保费援助	基于收入的保费补贴，将补贴后成本限制为收入的某个比例	基于年龄的可退还税收抵免，为更高的收入而逐步取消
自付费用援助	有税收抵免	无税收抵免
医疗补助	为符合资格的任何人匹配联邦资金到州； 将补助水平扩大到贫困水平收入的138%	从2020年开始，根据人均上限授予各州的联邦资金； 各州可以选择扩大医疗补助水平，但联邦将减少对这些额外部分的支持； 让州对医疗补助接受者施加工作要求

续表

	ACA	AHCA
保费的年龄差异	保险公司可以对老年参保人征收3倍险金	保险公司可以对老年参保人最高征收5倍险金，各州可以自行决定去除这一限制
基本卫生福利	保险公司被要求提供10项基本卫生福利	个人投保计划被要求提供10项保健福利金； 一些医疗救助项目不涵盖精神疾病和药物滥用方面的保护
背景调查	保险公司被禁止对背景调查有问题的人拒绝担保或提高保费	各州可以允许保险公司对背景调查有问题的人提高保费
限额	保险公司不允许设置限额	保险公司可以对个人设置相关限额
其他税收	3.8%的投资收入税； 对收入高于200000美元的个人或收入高于250000美元的家庭征收0.9%的税； 基于该法案的健康保险提供商所缴纳的费用； 2.3%的医疗器械税	取消四项税收

（三）法案实施效果

《2017年美国卫生保健法》无疑会缓解攀升的医疗支出带来的财政压力，但同时也会引发一些社会问题。

首先，《2017年美国卫生保健法》直接导致了医疗保险覆盖率下降、医疗补助大幅减少。据美国国会预算办公室估计，与《平价医疗法案》相比，2018 年医疗保险覆盖人数将减少 1400 万人，2020 年减少 2100 万人，2026 年减少 2400 万人 。

此外，《2017 年美国卫生保健法》法案减少了相关税收的收入再分配作用，从而会进一步加大收入差距，加大美国社会的“撕裂感”。《平价医疗法案》主要的受惠人群为低收入家庭，并且对高收入人群额外征收两项税收，因此能减少美国民众税后收入和转移支付后的收入不平等。而《2017 年美国卫生保健法》基本废除了所有税收、罚款和费用。据估计，《2017 年美国卫生保健法》将为富人显著减税；针对低收入群体的减税效果则会被医疗补助可用性的减少所抵消。

三 拜登任职期间：对《平价医疗法案》展开修复，《2021 年美国救援计划法案》（*American Rescue Plan Act of 2021*）

（一）政策目标与背景

2021 年 1 月，民主党人拜登重新签署了《平价医疗法案》，并主张进一步投入以扩大医保覆盖面，加征药企广告税费与展开新药谈判以实现医保控费。2021 年 3 月 11 日，在世界卫生组织宣布 COVID – 19 为全球大流行病一周年之际，拜登签署了《2021 年美国救援计划法案》，即 COVID – 19 救济方案。

新冠疫情肆虐，奥巴马医改成果遭到破坏，医保体系短板凸显。疫情期间，不少失业人员丧失雇主医保，因而面对昂贵的医疗服务及医保自付费用等使很多人放弃治疗。在疫情催生的就医需求面前，虽然政府提供了免费检测服务，但一旦结果呈阳性，那么治疗费用或将成为患者的沉重负担。根据独立非营利机构“公平健康”（FAIR Health）的调查，那些因新冠病毒住院的患者，如果没有保险或者治疗服务不在保险范围内的话，可能需要自掏腰包支付42486—74310美元不等的费用（Leonhardt，2020）。这已超出很多普通民众的承受能力。

疫情影响下，拜登政府对医保体系的干预得到包括医生团体在内的较为广泛的支持。2021年6月，最高法院驳回了以特朗普为代表的共和党人对《平价医疗法案》（ACA）的诉讼，拜登（民主党）政府着力修复奥巴马医改所遭破坏并加大对医保体系的干预。

（二）主要内容

由拜登提出并推动的1.9万亿美元经济刺激救济方案，旨在加快摆脱疫情影响并推动美国经济复苏。其中涉及医疗补贴方面的政策包括：对《平价医疗法案》的延期和补充，对药品价格的控制，等等。表7-5是对COVID-19救济方案的主要内容梳理。

表7-5 COVID-19救济方案的主要内容

具体内容	救济金额
卫生保健	-980亿美元
扩大ACA补贴的延期（三年）	-640亿美元
D部分重新设计、LIS补贴、疫苗覆盖率	-340亿美元
健康储蓄	3220亿美元

续表

具体内容	救济金额
废除特朗普时代的药物回扣规则	1220 亿美元
药品价格通胀上限	1010 亿美元
某些药品价格的谈判	990 亿美元

（三）法案实施效果

拜登的医疗补贴计划对《平价医疗法案》进行了完善，并使超过一百万原本无法负担得起医疗保险的中产阶级具备参保条件，同时临时增加了对通过《平价医疗法案》市场购买健康保险的人们的补贴，并试图帮助失业者保住获得的健康保险。但由于该项法案的资金来源于对高收入群体增税，该项法案的持续性在很大程度上将受到下届执政党归宿的影响。

第四节　美国医疗补贴对中国的启示

一　医疗补贴制度与影响：中美比较分析

中美医疗供给模式有所差异，中国以公共供给为主，美国以私人供给为主。2009 年，中国国内医疗支出公共与私人之比超过美国（图 7－1）。不同的医疗供给模式下，中美医疗补贴在资金来源、补贴对象和补贴方式方面存在不同特点（如表 7－6）。

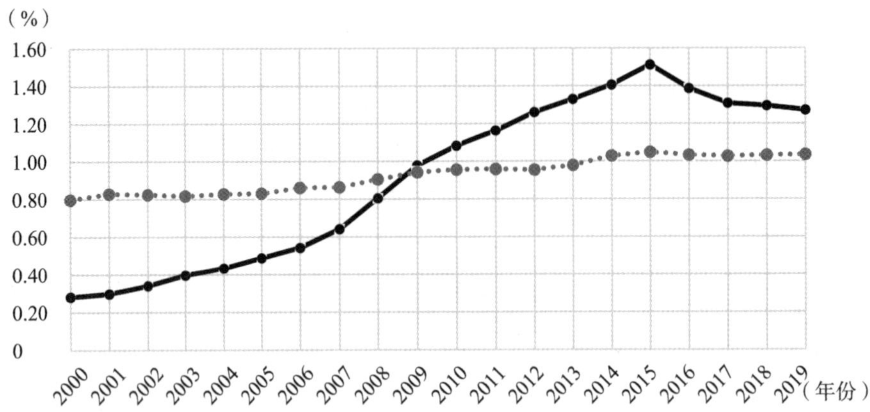

图 7－1 国内公共与私人医疗支出比例：中美比较

资料来源：https：//apps. who. int/nha/database。

表 7－6 中美医疗补贴制度对比

国家	医疗供给模式	补贴资金主要来源	补贴对象	补贴方式
中国	公共供给为主	社会保障缴费、一般预算收入安排	普惠性补贴与分类补贴兼而有之。2021 年，居民医保人均财政补助标准新增 30 元，达到每人每年不低于 580 元	直接补贴为主
美国	私人供给为主	消费税等税收	分类补贴为主，向缺乏投保能力或风险较高的个人提供	直接补贴与间接补贴相结合

资料来源：笔者根据网络公开资料整理。

由于中美采取的医疗供给方式不同，总结中美医疗补贴的影响与问题（表7－7），可以发现，中国公共供给产生的积极影响，正是美国医疗体制中存在的重要问题；而美国私人供给的优势，也是中国医保在未来努力的方向。

但中美医疗补贴中存在的问题也具有共性，这是由于医疗市场本身存在信息不对称问题。在不同的医疗供给模式下，信息不对称导致的问题以不同形式表现出来，但问题根源是一致的。如医疗过度供给，在中国表现为医保基金流失，而在美国表现为高费用导致医疗补贴成本高昂。2000年以来，美国医疗支出占GDP比重始终在10%以上，且不断攀升，这一比重远高于中国（图7－2）。

表7－7　　　　中美医疗补贴影响对比

国家	积极影响	存在的突出问题	问题根源
中国	截至2020年年底，基本医疗保险覆盖了13.6亿人，覆盖率稳定在95%以上。在医疗补贴与公共医疗服务/保险供给的配合下，构建起了广泛覆盖的全民医保体系，保障了人民的基本医疗需求	医疗服务高水平供给不足，存在“就医难”等问题；医保基金流失	医疗服务公共供给，在发展前期，有限的医保基金重点用于保障基本医保人人可享

续表

国家	积极影响	存在的突出问题	问题根源
美国	通过医疗补贴来弥补医疗服务和保险私人供给的不公平问题，在扩大医保覆盖率以促进公平的同时，也在一定程度上保留了医疗市场供给者提供高水平、多样化服务的积极性	医疗补贴成本高昂，构建“全民医保”前路漫漫。2019 年美国卫生费用总支出占当年 GDP 的比重为 17%	医疗补贴耗资巨大的另一面是居高不下的医疗费用。高费用不仅直接加重了医疗补贴下的政府负担，而且使大量人群不堪医疗费用重负，这又间接加重了政府负担，因为政府若想要使用医疗补贴实现全民医保，则其需要覆盖十分浩大的群体。 医疗费用居高不下是由于医疗市场需求弹性较小、供给方又具有信息优势，供给方占据优势地位

资料来源：笔者根据网络公开资料整理。

二 美国医疗补贴设计对中国改革方向的启示

中国覆盖全民的基本医疗保险制度不断健全，但高水平供给有所不足，医保改革方向要逐渐由“量”向“质”倾斜。在私人为主的医疗供给模式下，医疗机构能够不断通过市场竞争手段将科技与资金优势转化为自身在医疗技术上的优势。相较于其他发达国家，美国虽然全科和基本医疗服务供不应求，但高端专科和护理服务供给十分充

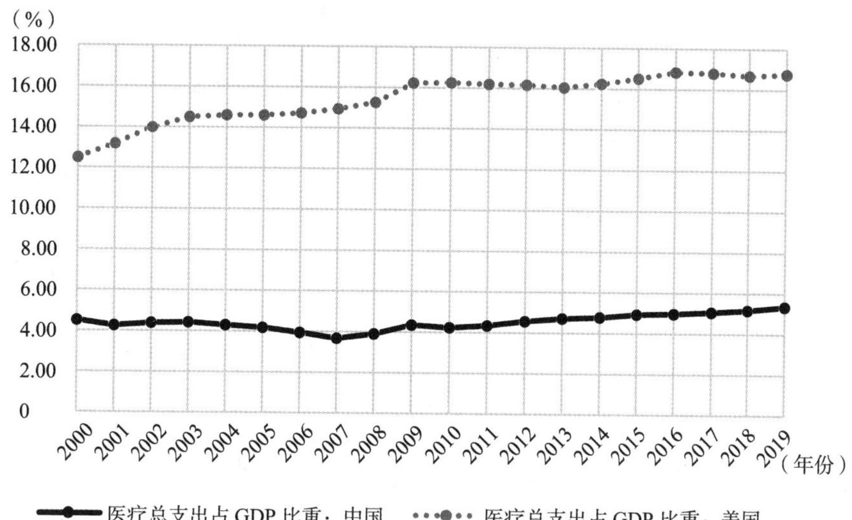

图 7-2　中美医疗支出占 GDP 比重

资料来源：https：//apps. who. int/nha/database。

足。借鉴美国经验，要提高中国医疗服务质量，应在保障基本医疗服务需求的同时，对于人民差异化的需求，适当稳步引入市场机制，以调动医疗主体的积极性，满足人民对医疗服务的多元化、多层次需求。从近年政策中可以看到，医保改革方向也呈现出提质升级的趋势，2020 年 1 月，银保监会发文要求到 2025 年，中国商业健康保险市场规模超过 2 万亿元。

但在提质升级的同时，我们也要警惕美国私人医疗和医保发展中所出现的高费用、效率低、拒保等问题，此外，中国目前的医保补贴、医保偿付方式等制度可能也不适用于私人供给的情况，在扩大私人供给的同时，对相关制度要同步完善。

三 美国医疗补贴变迁对中国改革路径的启示

两党在医疗补贴领域立场迥异，而在美国的政党制度下，为获得更多选票，两党提出的政策往往会过于激进，使得政策很难“用中”。在政党轮流之争中，制度安排呈现出一定的间断性、割裂性。得益于中国的制度优势，在制定政策时，可加强顶层设计，以统筹兼顾、稳步推进。同时美国特殊的政治制度下，各方面利益集团的博弈被凸显，我们也能够较为直接地观察到美国历届政府政见的成与败，并从中总结经验教训。

一是市场机制的引入应稳步推进。在美国的医疗改革中，我们可以看到，过于激进的改革常会激起千层浪，即使在政治优势下得以通过，也难以长久。美国的全民医保改革之艰辛，不仅是由于激烈的利益冲突，也是由于一些民众根深蒂固的自由观。在中国的改革中，我们既要考虑到利益冲突的化解与缓冲，也要考虑到群众观念对医保改革的影响。因此应以温和的方式引入市场机制，在这个过程中，既能够为利益相关方留出寻找应对方案的间隙，又能够在潜移默化的方式中引导群众的观念转变。例如在改革前期，可以通过对商业医保与医疗机构提供有条件的税收优惠、向公共医疗机构超基本水平的供给提供适当补助、向居民提供多层次补贴等方式，为医改利益相关方提供适应期。

二是医疗改革的各方面应协调推进。医疗问题错综复杂，如果在医疗与医保供给中引入市场机制，将对医疗补贴产生广泛而深远的影响，因此，在改革的过程中，各方面的影响因素都要综合考虑。例如，如果将医保基金市场化，并运用于私人医疗，那么对于这方面资金的使用效率和效果应综合考虑，以防出现医疗费用激增和服务效率低下的情况发生。同时在医改补贴的使用规定上要进行完善，对于私人医疗中的医疗服务类型应提高识别的精准性，对不同类型的服务，分类提供补贴，做好与公共医疗的衔接。其次，在私人医保的偿付机制上，可以借鉴美国按绩效支付的安排，构建更为完善的偿付机制等。

第八章

其他社会类补贴

第一节　保障类财政补贴的发展现状总结

不同于产业方面的财政补贴，保障类财政补贴是直接作用到人民的日常生活上的，会更加直接地影响人们的生活。

那么，在不同时期的经济环境下，政府如何能通过财政补贴的方式更好地保障人民生活呢？相应的补贴政策对后续的经济发展会有什么影响？政策的多变性对人民又会造成什么伤害？

本章我们探究美国从奥巴马时期到拜登时期这将近 15 年中，美国当局签署的保障类补贴的发展历程以及后续影响。

在本章中，我们将保障类补贴具体分为三类：就业补贴、住房补贴和养老补贴。以下是这三类具体补贴从 2009 年至 2022 年的发展历程。

就业补贴

奥巴马、特朗普、拜登，三任总统在职期间都遭遇过不同的经济危机，并且都为缓解相应的就业危机进行了努力。面对就业危机，奥巴马发布了 ARRA 法案，减少税收、增加财政支出和政府基建投资；特朗普发起中美经贸摩擦，以期维护本土的制造业发展；拜登出台了大量促进就业的政策。

住房补贴

自 20 世纪 30 年代开始，联邦政府就高度重视住房问题。共和党和民主党都把解决住房问题，特别是解决中低收入家庭的住房问题，作为增加选票获得执政地位的重要措施。

在美国住房市场发展历史上，正统公共住房、补贴住房建设、房租和购房补贴三者，先后被作为政府干预住房市场的主导政策。公共住房（Public housing）是指政府为城市低收入住户建造和维护、收取低额租金并由政府管理的住房，补贴住房建设是向住房供给者提供直接补贴，二者均属于供给导向性的住房政策，通过增加住房供给量、降低房价和租金从而提高居民支付能力。房租和购房补贴是向住房需求者提供住房消费补助，提高其对住房消费的支付能力。相较于前两者，该政策对住房市场的介入更为有限，资金投入也更少，在住房供给供求较为缓和时该政策能够在一定程度上满足住房需求，并具有一定的灵活性。自 20 世纪 70 年代以来，这一补贴方式成了美国在住房保障领域的主要政策工具。近几届美国总统的住房保障政策，也以需求导向政策为主。

养老补贴

虽然美国一直在推行养老补贴，但它始终不是执政重点。也正是因为美国政府一直的不作为，导致美国社会人口老龄化引发的一系列社会问题越发严重。

长期以来，由于共和党人和民主党人对政策解决方案持有不同的看法，共和党人和民主党人的执政理念差距越来越大，不仅采取的宏观外交措施、经济措施不同，落实到微观民生方面的保障政策也十分分裂。总的来说，美国的保障类政策缺乏统一的逻辑，总是因政党更迭、国际风云变幻而变化。

第二节 保障类财政补贴的发展逻辑内外因的阐述

一 内因（政党历年来的斗争、特征）

民主党和共和党之间的根本区别之一在于政府的角色。民主党人倾向于支持政府在社会中发挥更积极的作用，并相信这种参与可以提高人们的生活质量、实现社会平等。民主党普遍代表左倾、自由和进步的意识形态价值观，因此主张建立一个强大的政府来规范商业和支持美国公民，他们强调的关键价值观之一是社会责任。而共和党支持社会保守主义和经济自由主义等右倾意识形态。共和党人广泛倡导传统价值观和低水平的政府干预，并大力支持私营部门。他们奉行达尔文资本主义，认为强大的企业应该在自由市场中生存，而不是由政府通过监管影响企业的赢家或输家。因此，共和党主张企业应该存在于自由市场中，不能受到政府严格监管的影响。

这种政治理念和意识形态的区别造成了保障类政策的不连续性：不同政党的成员担任总统时，政府推行的保障类政策在数量上有明显的区别。比如2016—2020年特朗普执政期间，美国没有通过真正的住房政策；同时特朗普也在极力弱化奥巴马时期的政治遗产。随着民主党人拜登再次当选为总统，则签署了包括《2021年美国救援方案法》在内的多项住房补贴。

二　外因（历年来国际竞争形势的变化，总体经济趋势）

从奥巴马时期到拜登时期，将近15年中，一共经历了两次严峻的经济危机，分别是2008年正式爆发的美国次贷危机以及2020年的新冠疫情。我们可以将美国的近十五年分为三个阶段：次贷危机应对与缓和、中美经贸摩擦的两败俱伤和新冠疫情下的财政刺激。这三个阶段都承受了美国就业压力和经济的极速下滑，同时在不同经济环境下，美国保障类财政补贴政策的制定也有所不同。

为了洞悉整个时期的国家发展与经济形势的变化，进而更好地阐述保障类补贴制定的外部原因，我们收集了从 2007 年到 2022 年的美国失业率以及房屋价格指数的变化，具体如图 8 –1、图 8 –2 所示。

就业补贴的制定和失业率有密切关系。从图 8 –1 中可以发现美国的失业率具体有两个峰值，分别是 2010 年的次贷危机和 2020 年新冠疫情大流行。这两个时期造就了美国近年来最大的两起失业潮，同时，关于就业方面的财政补贴政策也大多围绕这两个时期颁布实施。

图 8 –1　2008 年到 2022 年美国失业率

资料来源：U. S. Bureau of Labor Statistics（美国劳工统计局）。

住房问题与城市化相伴相生。随着城市规模不断扩张，住房紧缺问题也愈加突出。

美国住房市场发展的早期阶段，面临的主要问题是供给不足，因此美国的住房保障政策侧重于供给侧发力，通过提供公共住房和住房建设补贴来增加住房供给和降低住房价格。但随着住房市场发展，高企的房价成了住房领域最为突出的问题，住房保障政策也转向了需求侧，主要通过向中低收入的住房消费者提供补贴，满足居民的住房需求。

政府干预并非解决住房问题的唯一方式，住房贷款是解决住房市场上消费者支付能力不足的重要市场手段。随着近年来住房信贷市场的发展，也增加了政府干预住房市场的渠道。美国在住房抵押贷款方面出台了一系列补贴政策，例如对家庭用于抵押贷款的利息支出不纳入个人所得税税基的税收优惠政策、政府向住房抵押贷款机构提供担保、组建房利美和房地美，连接抵押贷款市场和资本市场，提供融资来源和流动性支持，满足抵押贷款一级市场资金需求等。但是住房金融市场不断发展壮大的同时，政府政策较为宽松且监管有所滞后，最终间接促使了次贷危机的爆发。

美国住房市场的基本保障政策已逐渐完善，近年来出台的住房补贴政策，多是出于防控住房信贷市场上金融风险和稳定房价而设计的阶段性政策。

经济下行时，居民收入下降可能会导致住房贷款无法按期还款，通过在金融市场上的一系列传导可能会引发系统性的金融危机。为防控金融风险，政府往往出台系列对住房还款的补助政策，保证住房信贷市场上资金的正常运转。

此外，房价下跌导致的消费与对市场信心的不足，也进一步阻碍了经济的回升。图 8 - 2 展示了 2007 年以来房价的变动，这是反映住房问题最直观的指标。房价不同于就业率，美国房屋价格的趋势会按照特定经济趋势循环。比如2008年次贷危机爆发时，房价开始下跌，大概持续了3年时间。而从2011年至2013年，房地产进入了稳定横盘状态；大概到了2016年，房价又回到2008年危机爆发前夕的价格。面对破裂的房价泡沫，普通民众会承受巨大的损失，按旧金山联储的研究报告中所说，在2008年房市崩盘和经济衰退的双重打击下，每个美国人平均损失高达7万美元。因此稳定房价，也是住房补贴政策的重要目标。

图8-2 2007年到2022年美国房屋价格指数

资料来源：Federal Housing Finance Agency（美国联邦住房金融局）。

养老补贴的制定则源于一国的养老问题。20世纪30年代的经济大萧条期间，数百万美国人的毕生积蓄化为乌有，许多老年人要依靠亲朋的接济才能维持生计。面对老年人的经济困境，美国政府必须伸出援手。由此，1935年美国颁布了《社会保障法》，正式确立了美国基本养老保险制度。同时，美国早在 20 世纪 40 年代就进入了人口老龄化社会，随着人口老龄化现象不断深化，美国的养老保障问题越发突出。对此，美国政府不断完善养老体系，灵活运用补助金、税收优惠等财政补贴政策来保障老年群体的基本生活。

第三节　保障类财政补贴的发展沿革

一　奥巴马政府时期

（一）政党背景

奥巴马作为美国第一任黑人总统，结束了小布什领导下的共和党为期 8 年的统治。作为主打变革旗号上台的总统，奥巴马在改革舆论上有必要的基础，并且民主党在大选年的国会选举中一举取得对参众两院的控制，给了奥巴马实行变革的有利条件，因此奥巴马的主要政策都是在执政前两年发布的。虽然民主党在 2008 年以来的两年中得以控制参、众两院，但是，在 2010 年举行的中期选举中，共和党取得了重大胜利，在国会众议院中取代了民主党成为多数党，以 242 席对 193 席遥遥领先民主党；而在参议院中，共和党仅以 47 席对 53 席落后于民主党。

在奥巴马执政期间政治立场极端化状况明显，民主和共和两党议员的政治立场分布分别向两端偏移，导致持中间立场的议员大量减少。这样的后果是全国性政治倾向在2008年大选大幅度向左偏移，这也使奥巴马的政策发布十分顺利，但是在2010年中期选举前后又发生了一定程度的回摆。

（二）经济形势背景

奥巴马在2009年1月上任时继承了一个正在走向崩溃的经济时期，在过去的六个月里，美国经历了自20世纪30年代大萧条以来最严重的经济危机。美国“次贷危机”从2006年春季开始逐步显现，2007年8月开始席卷美国、欧盟和日本等世界主要金融市场。为了探究奥巴马在执政初期遭遇的经济形式，我们收集了从2007年8月到2009年8月的美国失业率以及房屋价格指数，总的来说我们可以发现奥巴马执政的前期环境是十分艰难的。

从图8-3中我们可以明显地看出自从2007年的次贷危机开始，美国的失业率居高不下。等到了奥巴马上台的那一天美国的失业率从2007年9月的4.7%大幅度攀升到了2009年的7.8%，足以见得奥巴马上台时期的美国的就业形势已经进入了危机状态。

奥巴马上任之初，需要着手解决次贷危机中房贷市场上的一系列问题。图8-4展示了次贷危机爆发前后美国房屋价格指数，房地产价格指数是反映房地产价格变动趋势和变动程度的相对数，它是通过百分数的形式来反映房价在不同时期的涨跌幅度。如图8-4所示，房价从2007年8月就开始出现负增长，直到2009年奥巴马上台，美国房屋价格指数已经到达了-8.9。从这一指标的变化趋势

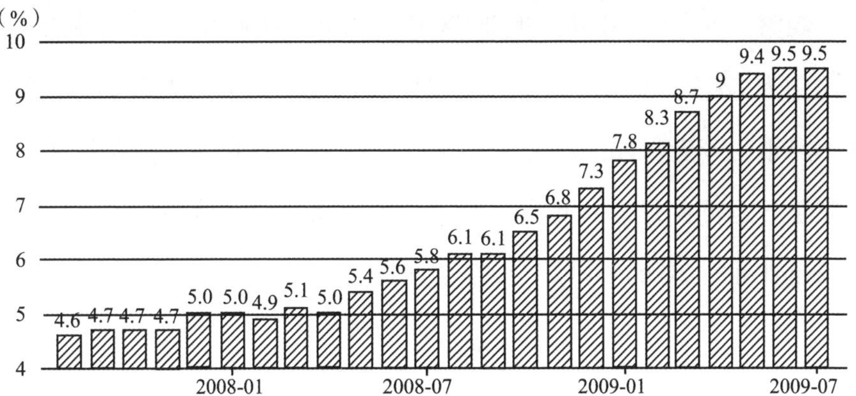

图8-3　2007年8月—2009年7月美国失业率

资料来源：U. S. Bureau of Labor Statistics（美国劳工统计局）。

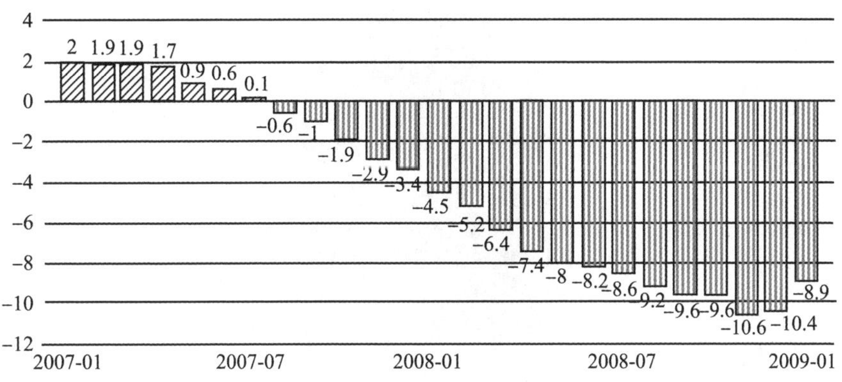

图8-4　2007年1月—2009年1月美国房屋价格指数

我们不难见得，在奥巴马执政初期，美国的房地产市场也进入了历史的寒冬期，奥巴马任职期间出台的住房保障政策，目标也主要是维持房地产市场的稳定。在执政后期，其住房保障政策侧重于保障水平的提高。

观察图 8－5，可以发现 2008 年美国 65—100 岁的人口占总人口的比例为 12.5%，相对而言，在奥巴马执政初期美国人口老龄化问题并不严重，养老保障问题并未加深。同时美国的养老保障制度本身较为完善、运行良好，因此奥巴马并没有将政策重心放在养老补贴上；而只是在面对 2008 年国际金融危机时出台了相应的应对措施。

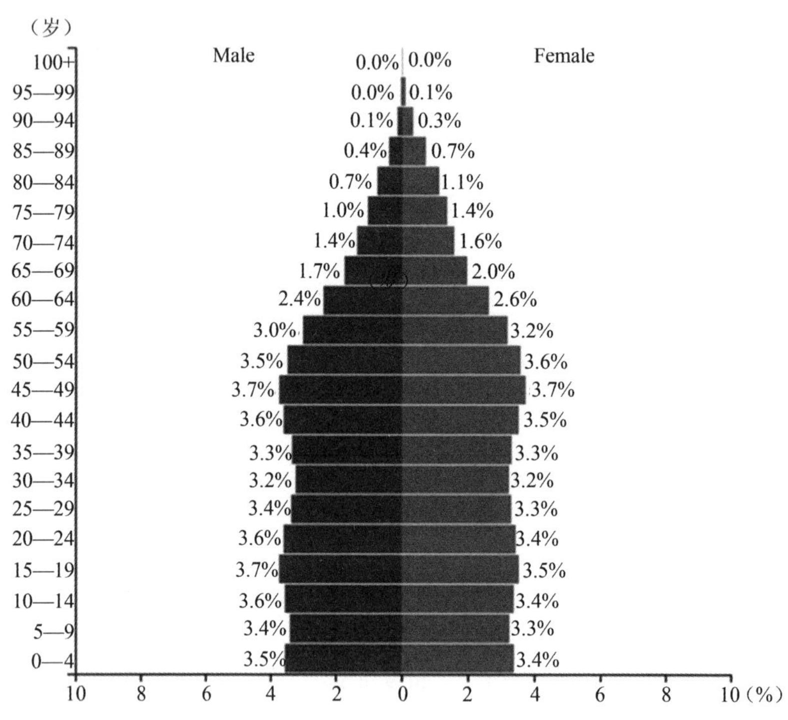

图 8－5 2008 年美国人口结构

（三）三类保障类补贴的具体内容

2009 年 1 月 20 日，奥巴马正式宣誓就职总统，为了防止大萧条出现，他继续实行了大规模财政刺激计划的做法。2009 年 2 月 17 日，奥巴马签署了《2009 年美国复苏与再投资法案》（*American Recovery and Reinvestment Act of 2009*，*ARRA*）。该项法案包括了 7870 亿美元的刺激计划。

该法案提出了总额 7870 亿美元的一揽子刺激经济复苏的方案，以减少失业、促进私人投资增长，并承诺对中等收入及以下人群实施减税而对富人阶层增税，以刺激私人消费需求的复苏。7870 亿美元中，一部分资金直接发放给消费者以支持消费市场；另一部分通过投资于基础设施和再生能源来增加就业。

对于住房补贴，奥巴马在 2009 年初的时候颁布了总额 750 亿美元的房贷救助计划（MHA）。这一计划通过修改或再融资困难房主的抵押贷款、临时宽容失业房主等，来避免使房主丧失抵押品赎回权。同时，MHA 为符合条件的房主提供了减少每月抵押贷款支付的机会，以让更多房主能负担贷款。此外，政府设立了消费者金融保护局，以建立安全的抵押贷款标准来保护购房者和房主。同时，政府还与最大的抵押贷款服务机构谈判达成了全国抵押贷款服务协议。在长期性保障政策方面，奥巴马使用行政命令的方式“更肯定地”推行《公平住房法》，那些拒绝在其区域内为低收入者修建保障房的社区，将无法得到联邦的资助，这些联邦拨款主要用于社区的基础建设。这一规则旨在鼓励当地社区解决根深蒂固的住房隔离模式，这种模式决定了美国人在哪里购物、上学和获得医疗保健。

对于养老补贴，因为奥巴马执政的重心并没有放在养老上，所以推出的养老方面的补贴很少，其中最主要的是《保留医疗保险受益人和养老金减免法案》（HR 3962）。该法案是由奥巴马在2010年6月26日颁布的，其具体内容分为两点。一是延长6个月的联邦医疗保险医生付款，并更新联邦医疗保险医生付款率，计划在6个月内减少20%以上。这项规定将扭转这一削减，并为医生支付率提供2.2%的更新，直至2010年11月30日。这项规定估计在10年内将花费约64亿美元。二是规定为单一雇主和多雇主养老金计划提供临时的、有针对性的资金救济。

（四）实施效果及影响

奥巴马的执政时间是2009年1月—2017年1月，下文将以奥巴马执政期间的各项指标的趋势图进行辅助分析。

（1）从就业补贴的实施效果看

从图8-6中我们可以分析出，奥巴马执政期间的失业率顶峰是在2010年前后，也就奥巴马执政的第二年；此时，ARRA并未能促成强劲的经济复苏。直到2011年9月，失业率仍维持在9%以上。而之后奥巴马时期的失业率整体上缓步下降，把时间线拉长到奥巴马执政的全部时期，可以发现失业率下降了50%。就业补贴实施效果显著。

（2）从住房补贴的实施效果看

通过图8-7，我们可以发现美国房价基本逐年递增，奥巴马执政期间缓解了美国在2008经济危机下的房屋价格严重贬值的情况，随着美国房价的上升，美国财政获得更多的资金支持，经济也随之发展。但房价的不断攀升，也为下一次经济危机带来了隐患。

图8-6　2008年1月—2017年1月美国失业率变化趋势

资料来源：U. S. Bureau of Labor Statistics（美国劳工统计局）。

图8-7　2008年1月—2016年1月的房屋价格指数

资料来源：Federal Housing Finance Agency（美国联邦住房金融局）。

（3）从养老补贴的实施效果看

由于奥巴马的执政重心并不在养老保障方面，推出的养老保障政策也是少之又少。因此，奥巴马任期内养老补贴政策的实施效果较难评估。

简单来说，奥巴马任期的养老补贴政策是配套医疗改革推出的，对促进个人养老金计划的发展、加强全社会的养老保障力度起到了一定积极作用。

二 特朗普政府时期

总体来说，特朗普执政时期的特点是政策取向极端化，比如说特朗普认为奥巴马政府的医改法案增加企业负担，限制了中产阶级、雇主以及保险公司的自由选择权利，主张全面取消奥巴马的《可负担医保法案》，这也正能部分解释美国保障类补贴政策的不连续。

（一）政党背景

特朗普在竞选纲领中提出的新经济政策，主要包括实行贸易保护、结构性减税、大规模基础设施建设，鼓励制造业回迁，取消对能源生产的限制，以及放松金融管制等具体政策主张，体现了共和党重商主义、保守主义和务实主义的一贯立场。

在这一届国会中，共和党在众议院占 241 席，在参议院占 52 席；民主党在众议院占 194 席，在参议院占 48 席。尽管两党在国会的实力与大选前相比没有出现显著变化，但特朗普 20 日宣誓就职后，共和党将自 2007 年以来首次掌控白宫及国会参、众两院多数，这打破了过去几年民主党奥巴马政府与共和党掌控的国会相持不下的政治僵局，美国新一轮党争势将出现新看点。共和党看似占尽上风，其实在参议院的优势较大选前减少了两个席位。由于参议院确保通过一项立法一般需要60票支持，因而在移民体系改革、预算支出等大多数立法问题上，共和党仍需民主党支持。这一格局既为两党博弈留下回旋余地，也注定激烈党争在特朗普时代不会终结。在这届国会中，共和党国会议员87%是白人男性；民主党国会议员白人男性仅占41%。可见，民主党选民基础更广泛、族裔构成更多元。就地域而言，民主党在东西海岸和大中城市及都市带根基深厚、优势显著；共和党在农村地区和横跨美国中西部获得压倒性支持。

（二）经济形势背景

2018年，特朗普政府对中国挑起了经贸摩擦，先对中国340亿美元的产品加收25%的关税，其后又扩至额外的160亿美元和2000亿美元的商品，最后加征关税的商品总额高达5000多亿美元，等于2017年美国从中国进口的总额。特朗普政府发动经贸摩擦，以关税和新的贸易协议为手段，其经济动机是减少美国的外贸赤字，并从外国夺回制造业的工作岗位。而其政治动机则是将经贸摩擦作为提升民意选举工具，因为部署贸易政策可以使某些群体受益，从而拉拢到相应的选民。

而就美国经济发展来看，图8－8中2018年1月美国失业率为

4.0%，远低于奥巴马执政初期接近10%的高失业率。同时，2018年全年美国GDP实际增长2.9%，GDP总量首次突破20万亿美元，已然稳坐全球GDP总量第一的位置。相较来说，特朗普的初期执政环境要优于奥巴马的就任环境；美国经济持续复苏，美国就业市场接近充分就业，经济将维持缓慢增长的长期趋势。然而，在特朗普任职后期，史无前例的新冠疫情席卷全球，美国的经济、社会稳定都不可避免地受到了冲击，就业、住房、养老等民生保障都面临着巨大挑战。

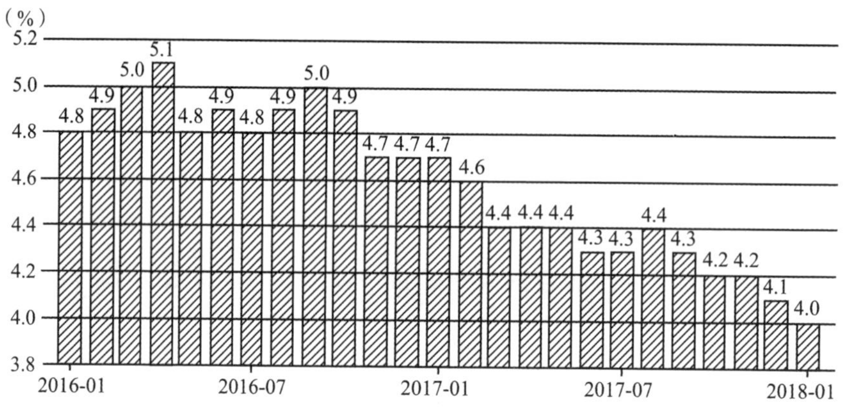

图8－8 2016—2018年美国失业率

具体而言，住房方面，特朗普执政期间，房地产市场较为稳定，因此未对住房政策进行阶段性调整，其所出台的住房政策主要是出于共和党的价值取向，即奉行新自由主义，在住房领域体现为支持放任住房市场自主调节，因此其所出台的政策也是旨在减小政府对住房领域的干预规模（见图8－9）。

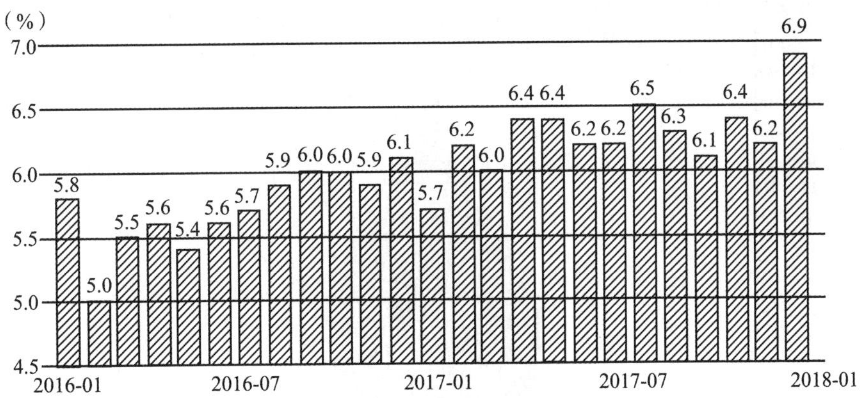

图 8－9　2016—2018 年美国房屋价格指数

资料来源：Federal Housing Finance Agency（美国联邦住房金融局）。

养老保障方面，图 8－10 中，2018 年美国 65 岁以上的人口为总人口的 15.8%，这一比例相较 2008 年有所提升，美国的人口老龄化趋势越发严重；在这一背景下，政府的养老保障措施显得越发重要。然而，2019 年联邦政府发布的一项报告显示，美国的联邦退休金账户将在2035 年前后耗尽，而美国民众的储蓄率普遍不高。对此，若政府不采取相应措施，则未来很有可能爆发养老危机。2020 年的新冠疫情其实已经点燃了美国养老危机的火苗，疫情给美国的养老金体系带来一定冲击，特别是公共养老金受到的冲击较大。

（三）三种保障类补贴的具体内容

对于就业方面的财政补贴，特朗普于 2017 年 12 月 22 日正式签署《2017 年减税与就业法案》（*Tax Cutes and Jobs Act of 2017*，

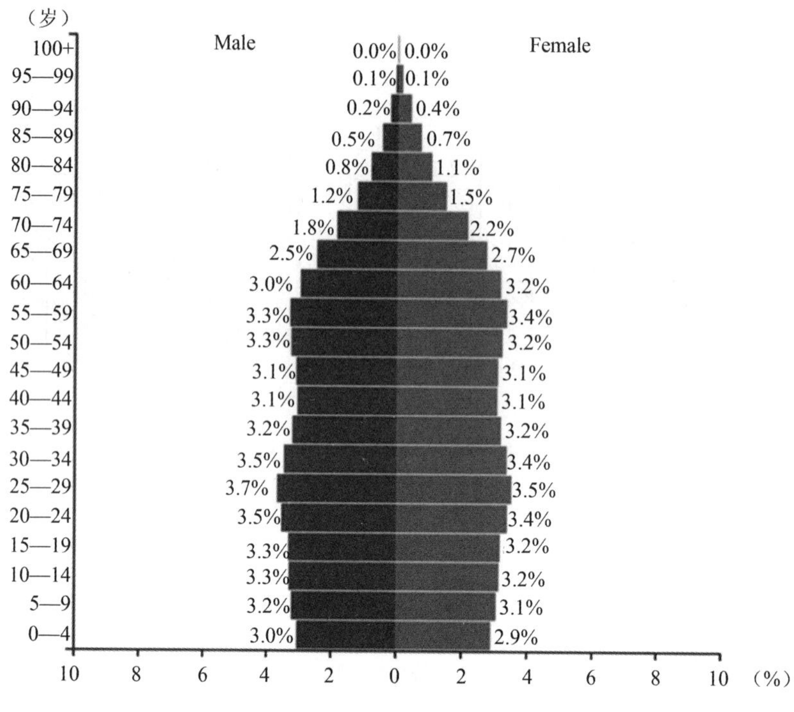

图 8-10 2018 年美国人口结构

TCJA），于 2018 年起实施。特朗普表示希望通过简化税法、降低公司税、为中产阶级减税、鼓励美国企业将囤积在境外的利润汇回国内的四大税改目标来提振美国实体经济，并且提高美国就业率。

该法案涉及个人所得税、企业所得税、跨境所得税和遗产所得税等多个税种，主要包括降低税率、扩大税基、简化税法等政策调整。具体而言，主要内容见表 8-1。

表 8－1　《2017 年减税与就业法案》主要内容

税收类型	主要税收改革
个人所得税	1. 降低税率，保持七级累进税率，其中，最高边际税率由 39.6% 降低为 37%； 2. 提高标准扣除，个人申报由 6500 美元提高为 12000 美元，夫妻共同申报由 1.3 万美元提高为 2.4 万美元，户主申报由 9550 美元提高为 1.8 万美元； 3. 加大减免优惠； 4. 提高个人替代性最低税负制（AMT）门槛
企业所得税	1. C 类公司（股权有限公司）税率从 15% 至 35% 的累进税率降低为 21% 的单一税率，独资企业、合伙企业和 S 类公司（无限责任公司）仍穿透企业对符合条件的经营所得征收个人所得税，但允许抵扣 20% 的所得； 2. 2017—2022 年 5 年内发生资产投资成本由折旧摊销改为 100% 费用化（不包括房地产）；利息支出由税前全额列支改为按不高于扣除利息、税项、折旧和摊销前利润 30% 列支，以限制利息支出
跨境所得税	对跨国公司汇回的海外利润一次性征收的税率由 35% 降低为 15.5%（现金）、8%（非流动资产），并采取属地税收原则
遗产所得税	提高适用税率 40% 的遗产税免征额，对于个人，免征额由 560 万美元提高为 1120 万美元；对于夫妻，免征额由 1120 万美元提高为 2240 万美元

住房方面，特朗普反对向中低收入家庭提供住房补助，一方面削减了历年的住房和城市发展部预算，主要是削减了对穷人的住房补助；另一方面，在 2020 年宣布暂停奥巴马公平住房令，住房和城市发展部部长本·卡森（Ben Carson）更是将为低收入家庭提供政策帮助贴上“社会主义”的标签。

养老方面，特朗普于 2019 年 12 月 20 日签署了《建立每个社区促进退休保障法案》，简称“安全法案”（SECURE ACT）。这项法案旨在提高退休金储蓄，促进美国年金计划和个人退休金计划的快速发展。2020 年 3 月 27 日，为应对疫情冲击，特朗普又签署了《新冠病毒援助、救济与经济安全法案》（CARES ACT）。该法案中包括了部分养老补贴政策。具体而言，两个法案在养老方面的主要政策如表 8－2 所示。

表 8－2　特朗普时期主要养老政策

法案名称	政策内容
《建立每个社区促进退休保障法案》	（1）通过为中小公司的雇主提供额外的税收减免金额，来鼓励雇主为员工开设第二支柱中“自动加入”的 401（k）退休计划； （2）提高了养老保险体系第三支柱中个人退休账户的强制取钱年龄，从 70.5 岁提高到 72 岁； （3）允许长期雇用的兼职员工参加 401（k）退休计划
《新冠病毒援助、救济与经济安全法案》	（1）给那些领取社会安全保障金而没有额外收入来源的退休人士直接发放 1200 美元的支票； （2）受新冠疫情影响的合格个人养老金投资者可以从 401（k）养老金账户和 IRA 个人退休金账户借出不超过 10 万美元的应急款项

（四）实施效果及影响

首先，就业方面，中美经贸摩擦对两国就业方面都产生了严重的负面影响。中国是第一大出口国，美国是第一大进口国，因此，中美贸易对两国就业影响十分巨大。我们并不能简单地总结出进口产品会对国内产品产生替代作用，事实上进口对于就业的影响不仅仅有直接竞争效应，同时还会产生上下游渠道效应。美国从中国的进口中含有大量的中间品，而这些中间品会对美国的下游企业就业产生促进作用，而这个作用远远大于直接竞争和上游渠道的消极作用的总和。从图 8－11 中，我们可以发现特朗普发动的中美经贸摩擦并没有带来想象中的失业率极速下降，反而是十分缓慢；而在 2020 年特朗普对新冠疫情的不作为使得失业率极速飞升，到达了前所未闻的 15%。此外，中美经贸摩擦对美国另一大后果就是通货膨胀率的飞涨，这给继任的拜登政府带来贯穿整个执政时期的通货膨胀梦魇。

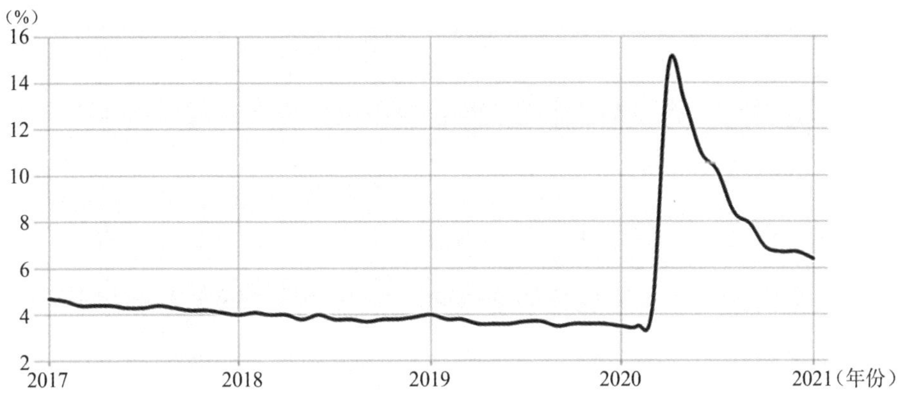

图 8－11　2017—2021 年美国失业率

资料来源：U. S. Bureau of Labor Statistics（美国劳工统计局）。

住房方面，特朗普大大减少了对住房消费者的补助，使消费者购房动机有所减弱，不仅影响了住房公平性，还削弱了住房市场。叠加抵押贷款利率的上升，其任职期间，整体而言房屋价格持续下降。图

8－12 为美国 2017 年到 2021 年的房屋价格指数。

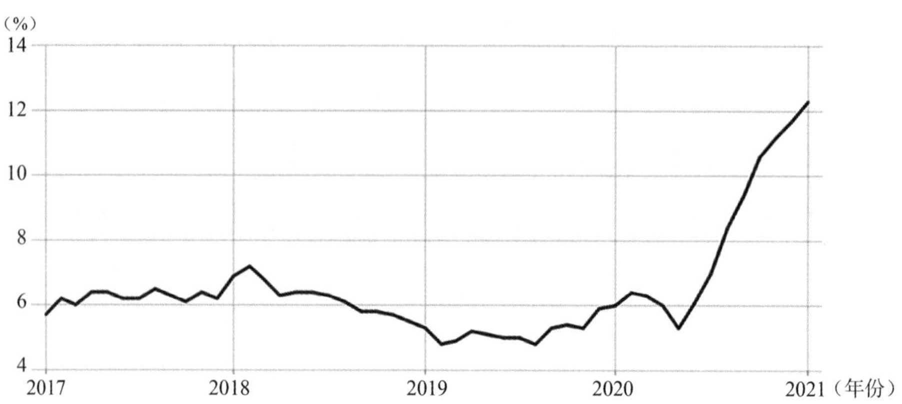

图 8－12 2017—2021 年美国房屋价格指数变化趋势

资料来源：Federal Housing Finance Agency（美国联邦住房金融局）。

养老方面，美国养老体系虽然先进却积弊重重，这一点在疫情中体现得淋漓尽致。从特朗普的养老补贴政策效果来看，一方面，2019 年特朗普出台的“安全法案”能够鼓励中小企业为员工提供 401（k）计划，从而提高数百万雇员的退休储蓄能力，从长远来看有利于规避美国未来潜在的养老风险。2020 年 3 月特朗普政府应对疫情出台的相关政策，也确实对保障老年人生活、稳定养老体系起到了一定的积极作用。然而另一方面，部分美国媒体指出“安全法案”无法帮助中产阶层储蓄更多养老金，而只会为高收入阶层提供避税机会，无助于解决美国的养老危机。此外，新冠疫情期间，许多老年人走向了生命的尽头；据美国国家广播公司报道，截至 2020 年 5 月，美国养老院的新冠死亡人数已占全美新冠死亡人数的 1/4。

这既和美国政府初期消极的抗疫政策与部分政客“经济至上”的主张有关，也源于美国养老体系一些固有的弊端。其一，美国的养老体系具有“低缴费率、低财政补贴”的特点，而养老和治疗费用却比较高昂，这就限制了养老体系的抗风险能力；其二，在“低财政补贴”特点下，政府主体提供的联邦退休金仅能维持老年人基本的生活，因此企业年金计划和个人退休金计划就成了美国养老体系的主力，而个人退休金计划的相关设置为高收入者提供了更多享受税收优惠的机会，从而加剧了美国的贫富分化。

三　拜登政府时期

按照时间线整理，拜登时期政府对于保障类补贴一共发布了三个核心法案，分别是2021年3月11日的《2021年美国救援计划法案》、2021年11月15日的《基础设施投资和就业法案》和2022年8月16日的《通胀削减法案》。可以说拜登继承并恢复了民主党一贯的执政理念，在他看来，大量的财政补贴刺激在当前的经济形势下更有利于美国社会经济发展。

（一）政党背景

拜登时期美国的政坛局势可以说是乱象丛生。在拜登上任初期，特朗普拒绝承认选举，这体现了美国党派斗争的进一步恶化；虽然两大政党都越来越偏离中心，但共和党无疑正在推动两极分化。从历史上看，选举出新总统后，敌对政治的行为往往会暂停，因为两党要致力于改善经济环境以及就业环境。但特朗普凭借着在共和党决策者中的持久影响力，继续助长了党际对抗。

美国政治两极分化是多因的，而且难以转变。虽然两极分化不是美国政党独有的，但美国的两极分化却是独一无二的。竞选融资、利益集团游说和党派媒体的动态生态系统已导致政党领导人失去对其政党信息的所有权，从而导致极端思想的扩大。拜登与特朗普的交接时期，是历史上美国公众之间情感两极分化最为严重的时期，这体现了两党之间的激烈矛盾，并无疑会加剧后续政策制定的困难。

具体来说，拜登所遭遇的最大政策制定困难之一来源于共和党对其《基础设施投资和就业法案》的反对。拜登基建计划雄心勃勃，但在实施中囿于美国府会政治生态，频遭共和党对手和民主党同僚掣肘。

（二）经济形势背景

2020 年年中，美国正面临经济衰退；截至 2021 年 2 月，已有 50 万美国人死于 COVID－19，其中大部分是老年人。在疫情冲击下，美国养老危机愈加凸显。同时，公民还面临着失业和饥饿危机。拜登执政初期所遭遇的困境并不亚于奥巴马执政初期的困局。同时，拜登政府还面临着严重的高通胀问题（如图 8－13），自从拜登在 2021 年 1 月 20 日上台执政之后，美国的通货膨胀率就高居不下。

除了罕见的通货膨胀率，极高的失业率也成为拜登执政期间的一

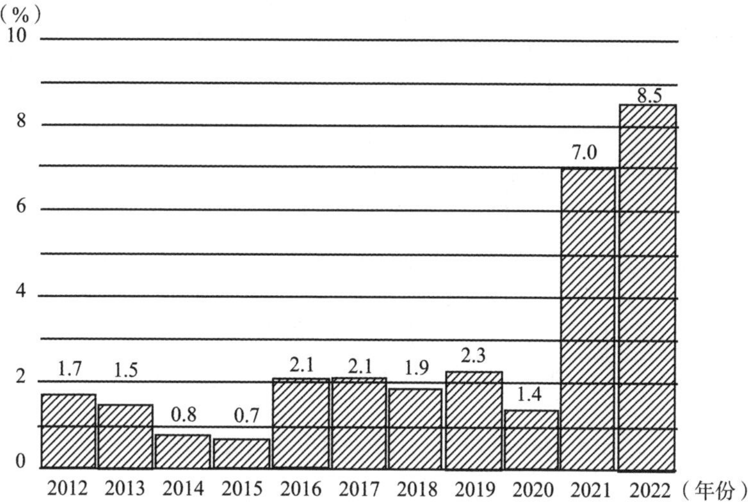

图 8－13　美国近十年通胀率变化

大难题（如图 8－14）。因此拜登继承了民主党的一贯做派，发放大额的联邦政府补贴，以期在医疗保健、清洁能源和其他领域创造更多的岗位，帮助长期失业的人获得新职位。

新冠疫情以及拜登政府连续出台的财政计划引起的通货膨胀也使美国的房屋价值出现了惊人的增长。因新冠疫情导致房地产相关的市场中断，如需求增加和建筑成本上升以及房地产市场的其他长期供应限制，最终导致价格创纪录上涨。如图 8－15 所示，在 2020 年 1 月到 2021 年 1 月期间，美国房屋价格指数从 6.0% 上涨到 12.3%，是该系列历史上最强劲的一年增长。

（三）三类保障类补贴的具体内容

首先，拜登于 2021 年 3 月 11 日签署了《2021 年美国救援方案法》

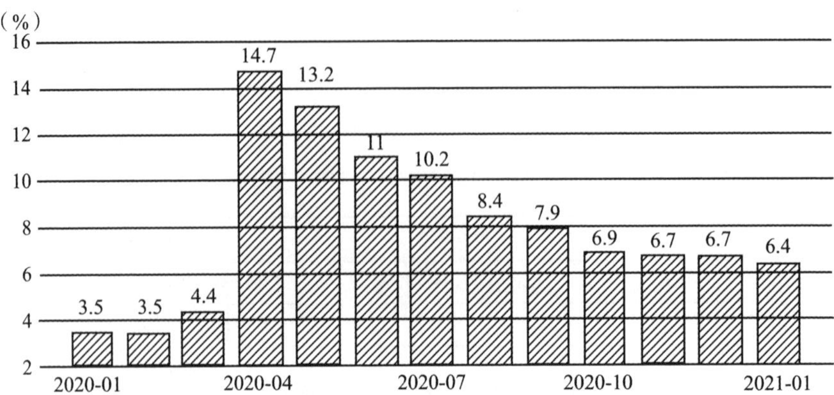

图 8-14 2020 年 1 月—2021 年 1 月美国失业率

资料来源：U. S. Bureau of Labor Statistics（美国劳工统计局）。

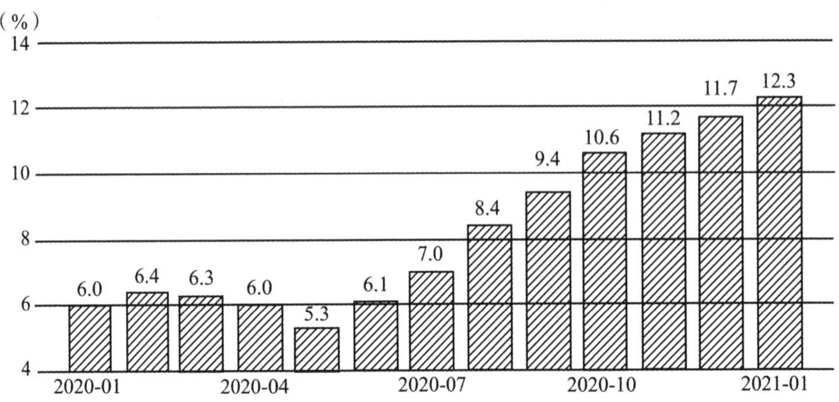

图 8-15 2020 年 1 月—2021 年 1 月美国房屋价格指数

资料来源：Federal Housing Finance Agency（美国联邦住房金融局）。

（*The American Rescue Plan Act of 2021*，ARP or ARPA），即 COVID-19 救济方案。他提出 1.9 万亿美元经济刺激救济方案，旨在加快摆脱疫情

影响并推动美国经济复苏。

就业补贴方面，该法案会直接给大多数美国人支付救助金，并延长增加失业救济金额的期限。

住房补贴方面，为应对新冠疫情期间住房价格上涨导致的还款压力、租房压力等问题，法案投资 50 亿美元用于提供租金援助、开发经济适用房以及收购和开发非聚集性住房单元等，以此来帮助无家可归者。此外，政府预计投资 99.6 亿美元的房主援助基金，为因新冠疫情而难以支付抵押贷款的房主提供抵押贷款支付、财产税、财产保险、公用事业和其他住房相关费用的直接援助。同时，政府还预计支出 216 亿美元用于紧急租金援助，资金分配给各州和符合条件的地方政府单位，以在 COVID－19 大流行期间保持居民的稳定住房。最后，政府还预计支出 1 亿美元用于农村住房，向需要农村住房的个人提供援助。

养老补贴方面，法案包含了美国老年人法案（OAA）计划。政府计划投资 14.34 亿美元用于老人照护，这笔资金包括其用于老年营养计划的 7.5 亿美元、用于家庭和社区支持服务的 4.6 亿美元、用于疾病预防的 4600 万美元、用于长期护理监察员计划的 1000 万美元以及用于帮助照顾孙辈的祖父母的 1.45 亿美元等。同时，还将投资 2.5 亿美元的《老年司法法案》项目，为 2021 财年和 2022 财年的《老年司法法案》提供资金。

接着，2021 年 11 月 15 日，拜登签署了由两党共同制定的《基础设施投资和就业法案》。该法案投资总额为 1.2 万亿美元，旨在通过对美国基础设施的投资，创造大量优质就业岗位，实现可持续的经济复苏，确保美国在全球经济竞争中的世界领先地位。拜登通过以工代赈的方法为美国带来了大量的就业机会。

2022 年 8 月 16 日拜登还签署了《通胀削减法案》，该法案旨在通过减少赤字、降低处方药价格和投资国内能源生产，来遏制通胀。该法案对于保障类财政补贴主要涉及养老方面，具体来说该法案立法拨款 640 亿美元用于《平价医疗法案》补贴，并将老年人的自付药物费用限制在每年 2000 美元。

（四）实施效果及影响三类保障类补贴的具体内容

就业方面，如图 8－16，我们可以明显发现短期来看，法案对于失业率的快速下降、促进经济从疫情中的复苏将会起到进一步的推动作用。约 1.2 万亿美元的基础设施投资将创造数以百万计的就业机会。但是从中长期来看，拜登时期政府的财政补贴能在多大程度上提振经济还有待观察。

住房方面，如图 8－17，随着住房按揭贷款利率攀升，住房价格已出现大幅下降。下一阶段，拜登住房政策可能会转向对房价的稳定而非降低房价。

养老方面，截至 2021 年末，美国因感染新冠病毒死亡人数达 80 万人之多，而其中约有 75% 的感染者年龄在 65 岁以上，也就是说大约有 60 万名死者是老年人。2020 年 5 月，老年人约占全美新冠相关死亡病例的 25%；2021 年 12 月，这一比例变成了 75%。这在一定程度上反映

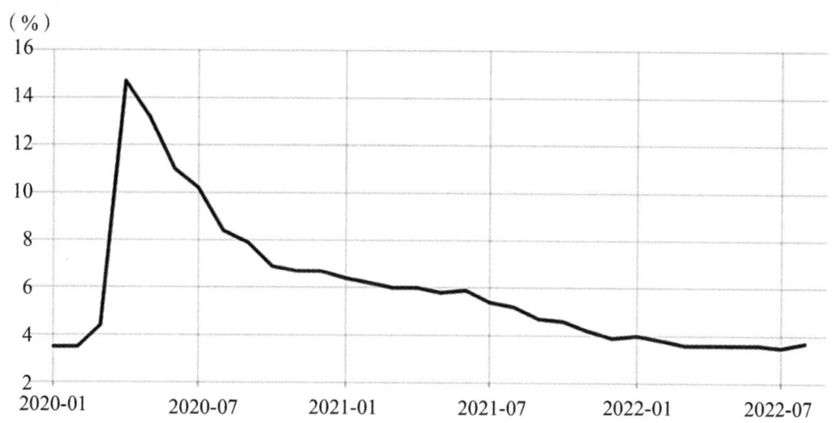

图 8-16　2020 年 1 月—2022 年 7 月美国就业率变化趋势

资料来源：U. S. Bureau of Labor Statistics（美国劳工统计局）。

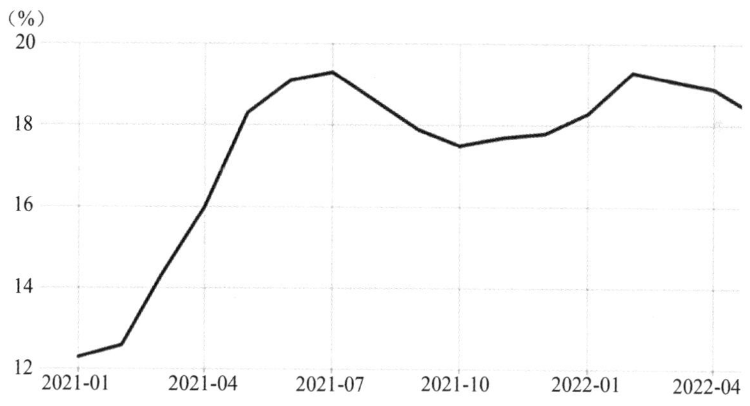

图 8-17　2021 年 1 月—2022 年 4 月美国房屋价格指数变化趋势

资料来源：Federal Housing Finance Agency（美国联邦住房金融局）。

了拜登政府的养老补贴政策未能有效解决新冠疫情带来的养老危机。事实上，拜登政府推出的养老补贴政策主要是进行现金补贴、为养老项目提供资金支持，并没有从根本上去克服美国养老体系的弊端。

第四节 对中国的启示

一 中美对保障类补贴的区别

与美国复杂政治环境不同，中国一直秉持就业是民生之本的观点，坚持实施就业优先战略和积极的就业政策；同时积极应对人口老龄化国家战略，国务院多次出台文件规划，推动国家养老事业的发展；此外，国务院加快发展保障性租赁住房，着力解决新市民和青年人的住房困难问题，促进全体人民住有所居。党的十八大以来，中国社会保障制度改革力度越来越大，发展速度也越来越快，可以说中国建成了具有鲜明中国特色、世界上规模最大、功能完备的社会保障体系。基本养老、失业、工伤三项社会保险参保人数分别从 2012 年的 7.9 亿人、1.5 亿人、1.9 亿人，增加到 2022 年 6 月的 10.4 亿人、2.3 亿人、2.9 亿人。

（一）就业补贴

中国政府对于就业的补贴多以省政府为主体，可分为鼓励企业吸纳就业和支持劳动者创业就业两类，包括职业培训补贴、社会保险补贴、一次性求职与创业补贴等。补助资金通过一般公共预算安排，符合条件的劳动者可以向当地人社部门提交申请。新冠疫情的暴发使得部分劳动者群体就业更加困难，为了领取社会保险补贴，继续缴纳社保费用，更多人选择了灵活就业，社会总体就业率上升，但劳动者就业的质量与满意度也值得关注。

美国作为资本主义国家，政府对就业方面的补贴大多是为了应对危机，提升就业率而出台的政策。美国两党在换届或中期选举时，会将就业率作为政府和总统执政效果的一种重要的衡量指标，政治上的目的性使美国出台的就业补贴多偏向于解决短期就业问题，而忽视中长期调节，长此以往，也可能会出现就业的结构性问题。

（二）住房补贴

中国对于住房方面的补贴主要是中央政府对保障性安居工程的补助，其范围涵盖租赁住房保障、城镇老旧小区改造、城市棚户区改造等，并根据一定的权重分配给各省；同时也有地方政府为了吸引人才而出台的购房补贴及租房补贴，对于符合标准的人才，可享受政府给予的现金购房补贴和租房补贴，但与庞大的住房市场相比，能享受到补贴的人才数量较少，且各地区补贴金额不同，有一定的地域限制。

美国的住房补贴是保障低收入家庭住房的主要形式，以收入低于当地家庭中间收入30%的群体为主要补贴对象，由政府向该群体发放租房券，从而使其只需支付低于自身收入30%的房租，超出部分由政府支付。而租房券可以在全国各地使用，领到租房券的群体可以自由选择居住地区，并不受限。

（三）养老补贴

中国的养老金制度起步较晚，目前主要包括城镇职工养老保险和城乡居民养老保险，前者采取社会统筹与个人账户相结合的方式，后者则主要由国家财政出资，对中西部地区全额补助，对东部地区给予一半补贴。

就职工养老保险而言，中国实行职工强制退休制，而美国实行弹性退休制，中国的法定退休年龄和参保者最低缴费年限都比美国要低；同时，中国养老体系对财政补贴的依赖性比美国要大。近 30 年来，中国职工养老保险经历了多次改制扩面，各级财政对职工养老保险基金的补贴规模越来越大，亟须“降费”。究其原因，很大程度上是因为中国养老金体系现有的发展结构还不完善，特别是第三支柱的占比和作用远远不足，无法像美国一样形成“政府、企业、个人”的三方合力，以致政府的养老负担过重。

二 对中国保障类补贴的启示

对中美两国提供的保障性补贴进行分析对比，其区别可大体概括为以下三点，一是中国出台的保障补贴多为国务院行政条令，缺乏明确的法律支撑，而美国的各项补贴政策均有相关法律法规作为依据。二是保障补贴的统筹层次不同，中国的保障补贴多为省级统筹，不同省市标准不同，而美国大多实现了联邦层级的统筹。三是在政策执行过程中，美国设立了专门机构进行资金管理、标准审核，而中国大多由人社局统一执行和管理，效率相对较低。在结合中国国情基础上，借鉴美国的相关经验，对中国的保障类补贴提出以下几点建议。

首先要完善保障类补贴的相关法律制度。纵观美国政府出台的各项政策，无论在哪个时期，均有相应的法律作为支撑，从而更好地约束和规范群体行为。而中国目前的财政补贴政策多为行政条令，各级政府之间仍存在主体职责不明的情况，导致政策的实际执行效果不佳，难以使低收入群体和困难群体享受到应有的福利。

其次要提高保障类补贴的统筹层次。虽然中央出台了指导性文件，但在执行过程中，各省市对政策的解读和理解各不相同，执行的标准也并不相同。以养老保险为例，目前，中国各省市之间企业缴纳的比例不同，机构间经办和征管也互不相通，一定程度上加剧企业间竞争，也给劳动者的职业变动带来困扰。同时，我们也应吸取美国疫情期间的惨痛教训：联邦与州之间、各州之间无法达成协调统一的疫情防控和养老保障政策，从而导致美国众多老年人感染新冠病毒，不幸离世。基于此，中国一定要吸取过往的经验和教训，逐步提高保障类补贴的统筹层次，逐渐实现省级乃至全国统筹，实施统一标准。这样不仅能加强管理、解决企业和劳动者的后顾之忧，也可以更高效地应对突发的社会公共风险。

最后要加强财政资金的绩效管理。如美国政府为中低收入者提供的住房补贴资金，就可以设立专门的机构进行管理，专款专用，提高财政资金的使用效率；同时可以同企业积极合作，通过给予企业税收减免等优惠，引导鼓励企业参与保障性住房的建设，以减轻财政资金压力，优化资金支出结构，强化资金的绩效管理。

三 后期疫情时代，中国如何维持或改进对本国人民的保障类补贴

就业、养老、住房与民生紧密相关，由于疫情的影响，部分工厂倒闭导致员工失业、收入减少，生活质量降低，尤其是低收入群体所受到的冲击更为明显。国家应充分借鉴他国经验，并结合自身实际，在现有保障类财政补贴的基础之上，优化财政资金的支出结构，优先保障民生类支出，并适当扩大保障范围，构建更加和谐的财政保障制度。

第九章

政府还是市场？难以自由的“自由”经济

美国的民主党与共和党，前者支持政府更多干预，而后者支持市场更多发挥作用，前者支持扩大补贴规模而后者支持缩小。这为我们提供了一个比较政府与市场作用从而帮助优化财政补贴设计的绝佳契机。

从长期发展趋势来看，美国各领域补贴虽然在政策交替中有所变动，但却体现出越发明显的特点，未来的路愈加清晰。

第一节　经济补贴：提振经济未睹巧之久也

直接的财政转移和投资能够精准、快速地直达政府和个人，避免经济陷入更加糟糕的境地，但要想推动经济进入上行轨道需要更加科学的设计。一方面，个人可能不会将财政补助用于消费，例如次贷危机中，经济衰退期间财富的下降使个人和家庭增加支出的意愿不足，削弱了 ARRA 法案中减税和转移支付的乘数效应；另一方面，政府投资规模需要合理确定，既要向经济注入足够的增量资金，又要避免对私人投资的挤出。在ARRA法案实施中，乘数效应较大的基础设施支出领域，支出规模相对较小且注入经济的速度相对较慢，最终该法案未能促成强劲的经济复苏（Pollin，2012）。

减税政策在短期内有效，但其发挥效果也有前提条件，在长期，随着经济接近充分就业水平，需求增长对产出的影响比经济严重疲软时要小得多。例如，Kalcheva等（2020）并未发现TCJA直接刺激了有高增长机会和高财务约束水平的企业投资，额外的现金流被分配给股东。这表明在缺乏新的企业投资机会的情况下，减税可能不会直接促进企业发展。

第二节 医疗补贴：构建全民医保道阻且长

在医疗服务与保险主要由市场提供的背景下，管制手段和税收政策能够被传导给直接政策受众外的其他群体，在一般均衡时难以实现对医疗费用的控制，高昂的医保成本最终导致财政不堪重负。《平价医疗法案》试图通过对高成本医疗服务征税（cadillac tax）并加强医保监管（建立IPAC）来控制医疗费用，但事实上未能取得成功，2008年至2016年间，联邦社会保障和医疗福利支出飙升了59%。前者最终可能将被转嫁给雇员，且门槛非常高（Wilensky，2011）。后者没有为政策受众预谋出路，保险公司为应对一些强制条款提高了保费，进一步推升了医保成本。

医疗市场难以通过发展完善而自发实现医疗费用的下降，放松对其管制将影响收入分配，扩大收入差距，不利于社会稳定。特朗普政府提出的《2017 年美国卫生保健法》（AHCA）虽最终未获得参议院通过，但有一些机构预测了该法案效果。据估计，高收入家庭（收入高于贫困线 FPL 的3 倍）将从 AHCA 中提出的税收和支出变化中获得净收益，而低收入家庭（收入低于贫困线 FPL 的 50%）将遭受净损失，最大的净收益将流向收入超过 FPL 收入 6 倍的家庭。

第三节　住房补贴：搭建通向健康市场之桥

相较于其他社会性补贴领域，住房公共品的最低水平更难界定。且房价高企并非房地产市场自身缺陷，而是由于住房很长时间以来被视为“金融资产”（杨善奇，2018），政府干预不仅加重财政负担、缺乏灵活性，且难以从根本上解决问题。住房需求存在很大的异质性，政府补贴限制了居民的选择，虽然近年来美国住房补贴渐由供给侧向需求侧转变，提供了更多的灵活性，但需求侧补贴更难确定补贴标准线，政府过大的裁量权可能会有损住房补贴的公平性。

如放任住房及住房金融市场自由发展，不仅不利于民生，扩大收入差距，还易积累金融风险。一方面，房价上涨带动房租上涨引起生活成本上升，从而抑制消费增长（Muellbauer 和 Murphy，2008）。此外，已有学者指出，美国对住房抵押贷款的个税优惠政策并未明显提升居民的住房自有率，且其累退性还表明，它的税后分配后果有违公平原则（马珺，2016）。

第四节 养老补贴：温和而有度的家长主义

个体最优养老储蓄水平存在很大的异质性，养老补贴缺乏灵活性，且养老储蓄不足主要是由于个体在跨期决策中，常常存在现时偏好的认知偏差存在下，因而很难做出最优决策。政府可以通过行为助推方式，引导个体为退休而储蓄，美国的401（k）计划便取得了成功，这一计划通过“自动加入”的设置，这一设置并未强制个体做出储蓄选择，而是仅仅改变了向个体提供的选择框架，但是大大提高了个体为养老储蓄的可能。

税收优惠政策能否发挥效果存在很大的不确定性。现有文献关于税费转嫁存在很大分歧，税费与福利的关联程度和税费凸显性（tax salience）可能是决定转嫁程度的重要因素。Dyreng 等（2020）利用美国 TCJA 改革发现，TCJA 将公司税税率从 2017 年的 35% 降低到 2018 年及之后的 21%，与往年相比，2017 年企业的固定收益养老金缴费平均增加了 25%—31%，从而享受更高的扣除，但 2017 年增加养老金缴款的公司，2018 年和 2019 年的养老金缴款出现了明显下降，这可能说明企业社保缴费行为并非永久性变化而仅仅是跨期转移。

第五节 新冠疫情背景下的财政补贴

新冠疫情引发的衰退呈现出结构性、顺序性衰退和经济正常运行受阻的新特点，这使各类财政政策在利弊方面，也有了新特点，即无论采用何种补贴方式，政策传导链条受阻下大范围补贴作用都会被削弱。疫情下所采取的防控措施，包括封锁、隔离和人们保持社会距离的自身意愿等，直接限制了接触型聚集型服务业和劳动密集型工业的经营活动，需求侧刺激和提供信贷支持、税收减免等很难帮助这些行业的市场主体增加收入。

相较于税收优惠，市场主体面对直接补助时缺乏选择决策权，容易引发经济局部过热，因而有更大的通胀风险。Chetty 等（2020）发现，美国在疫情期间对低收入家庭的补助大幅增加了这些家庭的消费支出，但增加的支出中，流向受疫情冲击最大的企业的部分很少，从而抑制了对就业的带动作用。如果财政资金流向了那些已实现充分就业的行业，将会导致局部过热，最终引发通货膨胀。Barnichon 等（2021）对拜登政府颁布的《2021 年美国救援计划法案》进行评估发现，ARP 可能会使空置率与失业率的差距提高到接近 1968 年的水平。事实上通胀确实出现了，近期美国通胀持续加剧，为应对通胀，拜登政府于 2022 年 8 月 16 日签署了《通胀削减法案》（IRA）。

新冠疫情可能会对经济社会供给侧和需求侧产生永久性的影响，

例如提高了人们对医疗服务的需求，要求经济形态转变以消解疫情对生产和消费的影响，财政补贴也需要做出相应的调整。在经济形态转变方面，拜登政府提供了包括促进新能源发展、支持美国半导体生产和研发等一系列巨额补贴。在医疗补贴方面，拜登政府通过增加了医疗保险税收抵免、加强对州政府扩大医疗补助计划的财政激励等，扩大了医疗保险的覆盖面。

第三篇

中国财政补贴制度将何去何从

本篇旨在通过站在财政补贴政策制定的宏观视角，从政策制定的收入端（赤字经济与财政补贴的可持久性）及决策端（财政补贴制定所考虑的战略目标）两个方面入手，分析说明这两方面对于财政补贴制度制定的意义影响。同时，结合对当前疫情影响下全球经济发展趋势的阐述，形成了专门针对中国财政补贴制度未来在疫情影响下发展的专篇文章。

第十章

美国财政补贴可持续吗?

前述章节侧重于财政补贴的实施效果，但需要注意的是，天下没有免费的午餐，补贴并非没有成本，实施补贴需要大量的资金，这会增加财政支出。那么政府是否能为财政补贴筹得充足稳定的资金，是否又会因不堪支出重负，而导致财政补贴不可持续呢?

根据财政补贴政策期限，可以将其分为长期性和阶段性两种。理论上，这两种财政补贴的政策目标不同，最终使可持续性的制约因素有所差异。前者是为了缓解长期性的经济社会矛盾，旨在弥补市场失灵，常通过税费等手段获得较为稳定的资金；而后者则侧重于解决阶段性的经济社会发展问题，旨在刺激经济发展，往往通过发债方式融资。前者的可持续性问题和债务问题密切相关，在长期实现收支的相对平衡即可，最终取决于政策实施效果；而后者的可持续性主要取决于其收支机制的合理设计，往往需实现短期内收支的相对平衡，受制于收支两个方面。

美国的财政补贴在可持续性方面具有丰富经验。在应对经济衰退中，美国长期运用赤字财政政策，大量使用了财政补贴工具，近年来美国债务水平不断升高。美国许多长期性财政补贴也有了比较成熟的运行机制，但也存在一些改革，因收支机制无法适应于现实背景，造成赤字的增加而产生一系列问题。分析美国财政补贴在可持续性方面的经验与教训，有助于借鉴其经验，使在中国财政补贴设计中，更好实现收支的良好循环。

第一节 阶段性财政补贴：内生于经济发展现实，最终取决于政策实施效果

大多数阶段性财政补贴旨在促进经济发展，这内生于经济发展现实。20 世纪 30 年代以来，美国频繁运用扩张性财政政策应对经济衰退，造成财政赤字的扩大。财政补贴是其在财政扩张中运用的重要政策工具，由于经济发展状况处于不断变化之中，这些财政补贴政策也呈现出了阶段性的特点。

一 财政赤字内生于经济发展现实，但 20 世纪 70 年代以来呈现出越发常态化、规模逐渐扩大的特点

自 20 世纪 30 年代，凯恩斯主张的扩张性财政政策在应对经济危机中取得成效后，诸多国家便频繁运用这一类型政策，以将经济从衰退的阴影中推出，美国也不例外。20 世纪 30 年代，全球经济处于大

萧条状态，英国经济学家凯恩斯提出经济危机源于有效需求不足，建议通过扩张性财政政策刺激总需求以促进经济复苏和增长。在财政扩张中难免会出现赤字，因此扩张性财政政策有时也被称为赤字政策。在罗斯福新政中，扩张性财政政策极大促进了私人消费和投资的增加，经济增速不断上升，就业逐步恢复，扩张性财政政策的有效性在这次经济危机的应对中得到了验证，自此，美国便开始频繁使用扩张性财政政策来应对经济衰退。图 10－1 展示了 20 世纪 30 年代以来美国债务变动，净财政盈余与 GDP 增速反向变动，为财政赤字与经济发展的关系提供了经验证据。

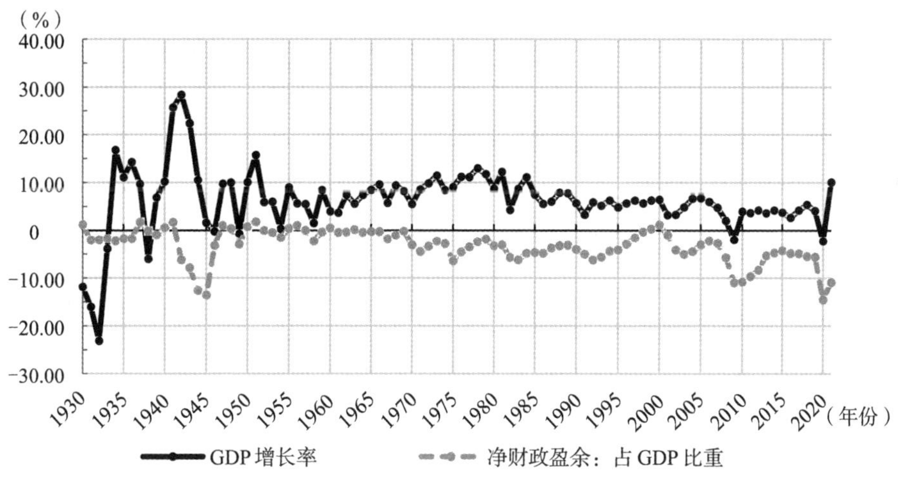

图 10－1　20 世纪 30 年代以来美国财政赤字与 GDP 增速变化趋势

资料来源：https：//www. bea. gov/data。

财政赤字明显扩张的时期，对应着旨在应对经济衰退的扩张性财政政策的应用，印证了财政赤字与经济发展现实间的因果关系。1931

至1936年间的财政赤字，对应于1929年至1933年的经济危机，胡佛任期期末所采取的刺激政策、罗斯福新政中出台的一系列政府干预政策，是该期间出现财政赤字的原因。1940年至1945年期间赤字激增则较为特殊，主要是战时开支大幅上升。第二次世界大战后至20世纪末的财政赤字的历次扩张也源于各届政府所实施的赤字政策。进入21世纪，世纪初、2007—2010年、2020年出现了三次大幅赤字规模扩张，分别对应于2001年互联网领域危机和“9·11”事件双重打击、2007年次贷危机、2020年新冠疫情影响下的三次经济大衰退。

但同时我们也可以发现，20世纪70年代以后，美国财政赤字出现了新特点，财政赤字越发常态化，规模也呈现出上升趋势。70年代以前，除第二次世界大战前后，美国财政净盈余基本在0上下波动，但70年代以后，美国财政有盈余的年份少之又少，仅2000年前后存在一段短暂的财政盈余期。在赤字规模上也逐渐扩大。21世纪以来财政赤字规模进一步扩张，20世纪70年代至世纪末，财政赤字占GDP比重从未超过10%，也少有年份超过5%。而在21世纪，财政赤字占GDP比重频频超过5%，甚有年间逼近或超过10%（见图10-2）。

二 阶段性财政补贴是否可持续，归根结底受到政策效果的影响

理论上，财政是否可持续，受到收支两方面的影响。关于财政可持续性的研究可追溯到20世纪20年代初，财政可持续性思想随着

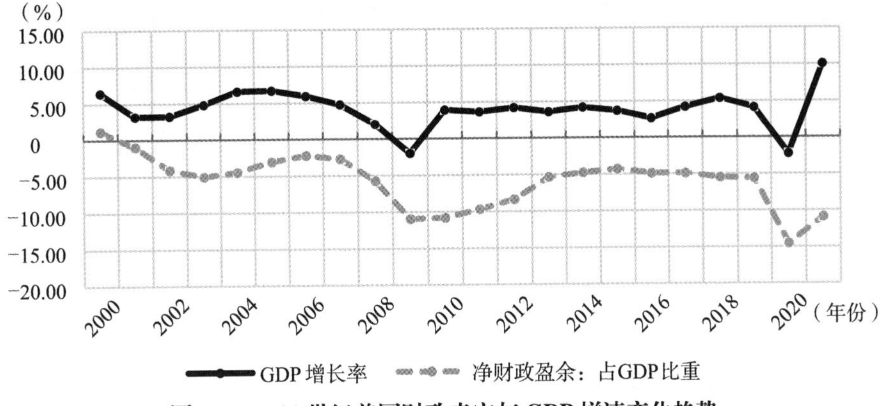

图10-2　21世纪美国财政赤字与GDP增速变化趋势

资料来源：https：//www. bea. gov/data。

经济发展面临情况的不同而不断改变，关于财政可持续性的观点由早期的反对国债、凯恩斯时期的推崇国债发展到了今天财政可持续性研究的理性回归。Frankle和Razin（1996）认为，如果政府仅通过不断借新债来偿还旧债，它将难以应对这些冲击。而如果逐渐增税或减支的政策不会引起社会剧变，则此时的政策也是可持续的。Buiter（2002）指出，假如政府保证其支付能力不产生主权债务风险，则可认为政府的财政融资程序可持续。他们的观点分别对应于财政的长期和短期可持续性。财政政策是否能够帮助经济进入上行渠道，从而为财政盈余创造条件，关系着能否长期内减少政府债务。而在短期内，在保证不产生主权债务风险下，政府才有可能获得债务融资。直接来看，对于阶段性财政补贴而言，长短期可持续性的制约因素不同，但考虑到主权债务风险也受到国家经济社会等方面运行情况，因此归根结底，阶段性财政补贴的可持续性受其实施效果影响。

在美国的财政实践与经济发展中，存在财政基本维持收支平衡的时期，也存在经济发展较好的时期，但财政平衡与经济发展的双重繁荣极为罕见（见表 10－1）。杜鲁门、艾森豪威尔在第二次世界大战后经济恢复中，采取了相对保守的补偿性财政政策。这一时期虽未出现严重的财政赤字，部分年间财政略有盈余，但经济增长缓慢且波动较大。卡特任职期间，美国经济增势迅猛，但财政赤字也不断扩大。财政赤字规模缩减与经济持续增长的繁荣格局出现于克林顿政府执政时期。该期间采取了整体性紧缩的结构性财政政策，财政盈余于 2000 年达到高峰的同时，实现了低失业率、低通胀率和高速经济增长并存的繁荣局面。但需要注意的是，在克林顿上台之前，美国政府已经实行了较长时期的财政刺激政策，海湾战争的效益也在克林顿执政期间逐渐显现。对比历届总统任职期间的财政实践与经济发展，财政平衡与经济发展的并存格局，可能在前期政策效益逐渐释放与当期财政政策恰当选择的双重条件满足下，才能够实现。

表 10－1　20 世纪 30 年代以来部分美国总统任期内的财政政策

财政政策理念			时期	政策背景与实施效果
干预对象	政策类型	政策逻辑		
需求侧管理型财政政策	汲水性	一次性向经济注入财政资金，从而启动消费与投资	罗斯福政府时期（1933.03—1945.04）	实施罗斯福新政以应对 1929—1938 年间的大萧条。政府直接干预极大地促进了私人消费和投资的增加，经济增速不断上升，但赤字规模也出现上升

续表

财政政策理念			时期	政策背景与实施效果
干预对象	政策类型	政策逻辑		
需求侧管理型财政政策	补偿性	通过调整政府支出（增加或减少），实现充分就业水平	杜鲁门、艾森豪威尔政府时期（1945.04—1961.01）	美国在第二次世界大战中积累了大量政府债务，实施补偿性财政政策以促进战后经济恢复。其间并未出现严重的财政赤字，但经济增长速度缓慢
	增长性	只要实际产出低于充分就业的产出水平，就运用扩张性财政政策	肯尼迪、尼克松、卡特政府时期（1961.01—1969.01，1974.08—1977.01）	在之前的很长一段时间美国经济疲软，扩张性财政政策再次长期化。虽迎来十年经济发展黄金期，但财政赤字规模不断扩大，同时供给冲击下出现“滞胀”
供给侧管理型财政政策	减税政策	主张自由放任、发挥市场机制和减少政府干预	里根政府时期（1981.01—1988.01）	新自由主义思想开始在美国占据主导地位，里根政府倡导大幅减税和简化税制的政策。美国的财政赤字疯狂扩张，随之而来的是经济停滞、高失业与高通胀并存的“滞胀”局面
			小布什政府时期（2001.01—2009.01）	随着全球经济增速呈现放缓态势，重拾扩张性财政政策，多次推行大规模减税，并两次发动战争。美国通货膨胀率降到肯尼迪以来最低水平，并维持了较高就业率，但也为次贷危机埋下了导火线
			特朗普政府时期（2017.01—2021.01）	美国经济仍增长乏力，政府负债严重。调整支出结构的同时，实施了一系列减税政策。失业率下降到历史低位，但财政赤字仍在扩大。执政后期新冠疫情暴发，采取了一系列刺激政策，财政赤字进一步扩大

续表

<table>
<tr><th colspan="3">财政政策理念</th><th rowspan="2">时期</th><th rowspan="2">政策背景与实施效果</th></tr>
<tr><th>干预对象</th><th>政策类型</th><th>政策逻辑</th></tr>
<tr><td rowspan="3">结构性财政政策</td><td>结构性紧缩</td><td>增中有减的税收结构调整和减中有增的支出结构调整</td><td>克林顿政府时期（1993.01—2001.01）</td><td>面对财政收支的巨大缺口，迅速实施提升经济增长潜力与削减非生产性支出并举、收入侧对高收入群体增税的结构性财政政策。实现了低失业率、低通胀率和高速经济增长并存的繁荣局面，财政盈余于2000 年达到高峰</td></tr>
<tr><td rowspan="2">结构性扩张</td><td rowspan="2">减中有增的税收结构调整和增中有减的支出结构调整</td><td>奥巴马政府时期（2009.01—2017.01）</td><td>第一任期，为扭转经济增速的严重下滑，采取了增支调收的结构性政策，阻止了经济增速持续下滑，但赤字也大幅增加。第二任期，面对严峻的债务形势，财政政策目标转向增税减支，赤字规模有所下降，与此同时经济增长乏力</td></tr>
<tr><td>拜登政府时期（2021.01 至今）</td><td>为应对新冠疫情和随后的经济危机，采取了一系列经济刺激计划</td></tr>
</table>

资料来源：笔者根据网络公开资料整理，财政政策理念根据宋来和朱宝华（2016）的定义进行归类。

第二节 长期性财政补贴：产生于市场失灵，可持续性取决于收支机制设计

长期性财政补贴主要出现在社会保障领域。由于市场在收入分配方面存在失灵，因此财政承担了很大一部分社会保障职能。相较于一

些高税高福利的欧洲国家，美国的公共社会保障支出规模并不算高，但近年来却呈现出了社保收支差额不断扩大的特点，其原因可能在于近年来美国社会保障制度正处于激烈改革中，但由于收支机制设计不成熟，改革尚未取得成功。

一　社会保障支出不断膨胀而收入增长越发缓慢，收支差额逐渐拉大

美国社会保障制度建立以来，社会保障收支规模均有所增长，但整体来看，社会福利支出整体呈持续增长态势，而社会保障税收入增长缓慢，导致社会保障收支差额逐渐拉大。图 10－3 展示了 20 世纪 30 年代以来，美国政府社会保障个人缴税（contributions for government social insurance from persons）和社会福利对个人的支出（government social benefits to person）占 GDP 比重的情况。近年来，社会保障支出规模愈加庞大，1965 年之前，社会保障支出增速相对缓慢，之后便进入了快速上升渠道。相比之下，1990 年以来，社会保障税相对规模的增长基本停滞了。社保支出的不断膨胀叠加收入增长停滞，使社保收支差额逐渐扩大。美国通过多种方式弥补这一差额，但是由于美国实行单式预算，这一部分差额的具体资金结构很难获得详细数据。

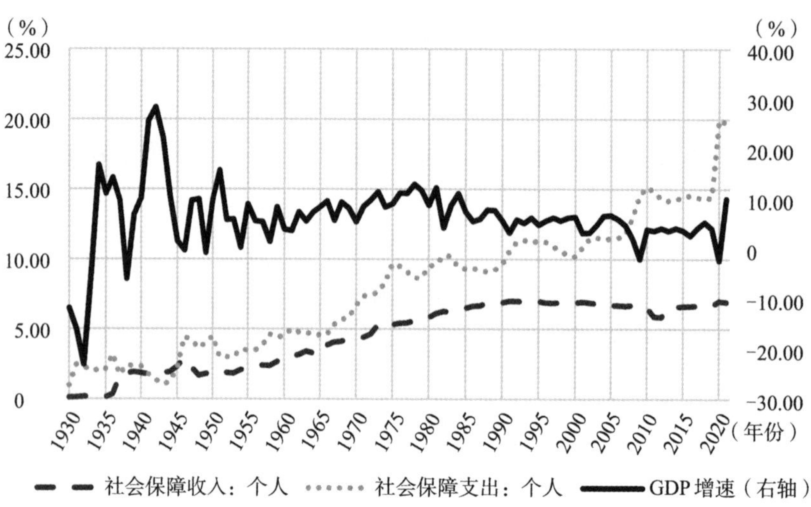

图10－3 20世纪30年代以来美国社会保障收支（个人）与GDP增速变化趋势

资料来源：https：//www. bea. gov/data。

二 长期性财政补贴是否可持续，取决于收支机制能否直接实现良好的自我循环

社会保障支出的每次大幅上涨，都对应着大规模扩大社会保障范围的改革。美国在历次改革中也设计了筹资机制，但在实践中却因为种种问题收不抵支，未能成功实现社保资金的自我循环。总结而言有以下两种原因。

一是支出成本过高或增收阻力较大。比较典型的例子是医保改革的困难重重。例如在奥巴马平价医疗改革中，一方面，不仅未能达到控制医疗费用的目的，反而由于政策考虑不足使医疗费用上涨，医疗

补贴成本激增；另一方面，增税难以获得足够资金使得补贴资金来源不可持续，最终这项改革增加了美国财政赤字。

二是未考虑到社保收支的跨期统筹。例如“婴儿潮”一代退休所导致的养老保障领域入不敷出。进入 21 世纪，美国人口老龄化越发严重，在实行现收现付的筹资模式而社会保障税率又较低的情况下，养老基金面临着巨大的偿付压力。而至今为止，美国养老保险的私有化仍未取得成功。

第三节　美国财政补贴运转对中国的启示

一　准确把握阶段性财政补贴施策节奏，提高政策效能

如图 10－4 所示，从数据来看，无论是赤字还是债务总额，相较于美国，中国都维持在了一个比较低的水平。但同时也由于缺乏中国地方隐性债务的详细统计数据，无法准确对比中美实际的赤字和债务水平。而近年来在学界业界，对于中国赤字率到底应该定多高一直争议纷纷。无论赤字率如何定，我们都应该借鉴美国在实施阶段性财政补贴政策中的经验与教训。

在实施阶段性财政补贴以促进经济发展中，我们不仅要提高政策实施效果，还要准确把握阶段性财政补贴施策节奏。在美国赤字政策

实践中，我们可以观察到两点。一是在一些赤字政策未能成功促进经济发展的时期，财政赤字规模被迫削减了。财政扩张背景下的财政补贴是否能够持续，长短期受制因素不同，但最终取决于财政补贴实施效果。在长期内，财政政策是否能够帮助经济进入上行渠道，从而为财政盈余创造条件，关系着能否长期内减少政府债务。而在短期内，在保证不产生主权债务风险下，政府才有可能获得债务融资，主权债务风险水平最终受到经济社会运行情况的影响。二是财政盈余与经济发展并存的良好格局，可能要满足前期政策效益逐渐释放与当期财政政策恰当选择的双重条件。这要求，每个时期的财政政策都要适应于当时的经济社会发展现实，也要求财政政策要具有一定的连贯性。因此我们要加强顶层设计，科学把握财政政策调控方向与施策节奏。

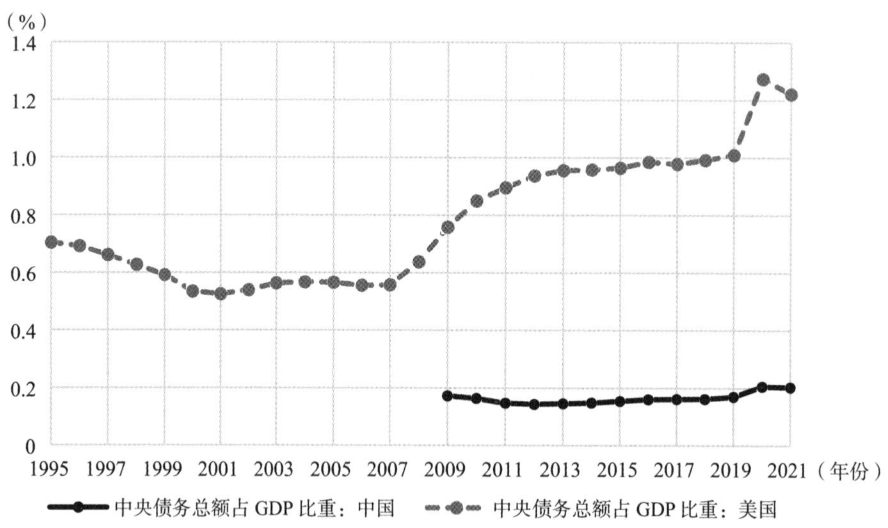

图 10－4　1995—2021 年中央债务总额占 GDP 比重变化趋势：中美对比

资料来源：https：//databank. worldbank. org/home. aspx。

二　长期性财政补贴，科学设计收支机制

在美国的政策实践中，长期性财政补贴制度虽受到政治制度影响而常常左右摇摆，但从其长期发展变迁来看，补贴制度顺应了社会经济发展变化的历史潮流。在美国的政治制度下，民主和共和两党在政策方向上常常存在不同意见，为在选举中获得更多选票，两党提出的政策往往会过于激进，使得政策设计中鲜见中庸之道。这就导致了在两党交替执政中，补贴政策左右摇摆，这严重影响了政策稳定性与确定性。最终能在美国长期保留并在一定程度上良好运行的政策，必定是那些不仅顺应了社会经济发展的自然规律且收支机制设计较为科学的政策，而这些政策也随着时代发展而不断完善。

借鉴美国的长期性财政补贴变迁经验与教训，中国应发挥政治制度优势，发挥好政府强制性变迁在社会保障制度变迁中的主导作用，加强顶层设计。既要做好政策配套并加强监管，确保资金的合理合规使用，防止资金流失，降低补贴成本，在设计税费政策时也要考虑支出规模。对于具有跨期调整作用的社会保障制度，还要科学设计筹资模式，实现自己的跨期统筹。

三　结构性财政政策应提高精准性、集中发力

结构性政策并非简单的收入与支出的有增有减，也并非供给和需

求侧政策协调下大张旗鼓地推进。对于所有问题，最理想的状态都是供给侧和需求侧的协调配合，但在资金有限的情况下，要求政策选择要有所取舍，首先要着眼于最突出、最紧迫的问题。在不同领域、不同阶段，所面临的最突出问题有所不同，政策的最优解可能是供给侧调整或需求侧干预。但是，最突出问题的最优解有时也难以实现，如果财政目标过于分散，财政资金的效果可能会进一步被政策阻力所冲抵。政策出台涉及方方面面的利益，为尽可能缓解改革阻力，政府往往不得不做出让步，使得最终的政策可能只是次优解。

“兵闻拙速，未睹巧之久也。”无论是阶段性补贴还是长期性补贴，其政策设计都应该提高精准性，将有限的财政资源优先用于解决最为突出和紧迫的问题，以尽可能快的速度解决最为突出的问题。大水漫灌、蜻蜓点水往往会使财政乘数被大大稀释，这一做法可能远不如集中发力、精准滴灌更有效。

第十一章

从美式国家治理看中国财政政策的制定

自《五月花号公约》出台以来，美国奠定了其自治与法制的民主政治基础，使其拥有了自由主义经济的根基。合众国成立后，制宪会议为美国的自由经济发展提供了必要的法制保障。但在随后的演变中，美国经济逐步偏离了最初的轨道，政府对经济的干预横向覆盖了所有的行业甚至国界。伴随着美国的崛起，美国开始致力于全球化经济体系建设，但随着全球化进程的不断完善、各国经济逐渐发展，由于美国国内发展结构性矛盾的加剧，美国与世界经济发展的矛盾越发强烈。联邦政府采取了一系列逆全球化措施以打破现有经济体系、企图重塑全球化经济，这一行为引起各国在经济发展角度上的深思。

本章旨在以历史为视角，阐述美国经济发展战略的演化，并通过对其特有的执政体制下存在的国家治理方面的问题的分析，为中国未来财政政策制定方面提出建议。

第一节 美国自由市场经济的幻灭

美国是自由市场的拥趸者，也是最具代表性的国家。但随着凯恩斯主义的盛行，提倡以国家干预经济发展在近几个世纪一直成为西方国家与政府坚信能够拯救国家经济于水火的特效药，这实质上一定程度地改变了美国自由经济的血统，使其日益具有混合经济的特征。在资本主义市场经济体制下，经济危机依旧在美国反复上演，且呈现出愈演愈烈的态势。与此同时，出于应对公共风险、在国际竞争中维护自身战略产业地位等目的，美国政府的权力又不断扩张，这使得其自由市场经济似乎成为一个美国主导全球经济以维护其自身利益的有力工具。

其实，无论是从“世界经济有控制解体战略”的披露还是到联邦政府的“美国优先”战略的提出，都能看出美国企图通过制造混乱来阻止发展中国家的工业化进程、压缩发展中国家的生存空间和资源，使开放的世界经济体系逐步解体，从而保持美国的领导地位和经济优势，都能显而易见地看出当今美国为了从根本上化解美国国内结构性矛盾，在发展战略上选择了片面追求美国利益最大化，而忽略人类命运共同体这一事实。

一　经济结构性矛盾导致美国经济衰退

美国逐步褪去自由市场的经济外衣，其根本原因是美国国内经济结构的矛盾加剧。战后美国的高速经济增长停滞于 1977 年，伴随着国际上英国、德国、日本纷纷进入经济繁荣时期而对美国的经济依赖大大降低，这些国家的产品开始大量地与美国产品竞争，美国制造业大国的地位被撼动。但随着接踵而至的中美关系正常化，和美国信息工业发展带来的技术革命，这种结构性的衰退又被新一轮的增长所掩盖。直至 20 世纪末，又一次的周期性衰退，让美国民众意识到联邦政府对逆周期的调节实际上并未如他们所宣称的那样有效。

总结美国经济衰退结构性矛盾的原因，大致可分为三点：一是通过国家力量推动的产业转型导致国内产业发展的失衡；二是美国产业结构调整导致的利益分配失衡；三是政府职能的扩大导致的财政收支失衡。

国家力量推动的产业转型导致国内产业发展的失衡。在美国 20 世纪的产业调整中，第一、第二产业份额不断下降，第三产业份额逐渐上升，联邦政府不断出台激励政策甚至动用国家的力量推动传统资本密集的产业向知识密集的高新产业转变，包括增加联邦科研经费支出、对电子工业、信息工业等实施税收优惠和补贴、放松反托拉斯法、推动企业与高校的联合科技研发等。美国的这些激励政策取得了显著的效果，劳动密集和低技术含量的制造业向国外转移，集中资源支持的高新产业高速发展获得领先地位。但美国极为注意对科技优势的保护，严格管制具有战略意义的科技的转移和扩散，在这种情况下，大型跨国企业的分工与融资等都受到了限制，资源配置缺乏效率，高新产业市场价值的实现过程较为缓慢；而同时低科技含量的劳动密集型的制造业不断向人力成本洼地外移，这就导致了整个经济缺少低端产业支撑而进入衰退期。更进一步，美国由贸易顺差变为贸易逆差，由债权国变为债务国，使美国经济的可持续性受到了挑战，联邦政府需要面对的是贸易赤字和财政赤字的双赤字经济压力。

产业结构调整导致的利益分配失衡。制造业外移导致原有的出口部门转变为进口部门，这对原有制造业的从业工人来说无疑是严重的打击。这些工人学历低，在人力资本市场缺少竞争力，一旦失业，再就业的概率较低，只能依靠政府的救济。同时，过高的税收又导致中产阶级压力不断增大，一方面要直接交税，另一方面高通胀导致财富缩水，这些财富一部分以租金的形式流向企业家，另一部分则由税收交由国家再转让给低收入群体，导致中产阶级成为整个国家经济压力的主要承担者，中产阶级规模因此萎缩，贫富差距增大。

政府职能的扩大导致了财政收支失衡。随着联邦政府职能的扩大，其支出也不断攀升。民众福利支出、国防支出和债务利息支出增加最为快速。经济繁荣时，财政收入弹性较大，财政收入增长比经济增长更快，能够支撑上升的政府支出：而一旦经济进入衰退期，联邦政府不可能通过提高税率来维持财政收入，甚至需要通过减税来刺激经济回暖，因此，财政收入与财政支出缺口扩大。而这个财政缺口只能通过借债来弥补，这又导致未来债务利息支出的升高，加重了未来财政的负担。财政支出刚性与财政收入随经济周期性波动的矛盾是美国经济的又一结构性矛盾。

二　衰退的美国促使“二元”经济的形成

近年来，美国联邦政府出台一系列政策，企图提振国内经济活力克服美国经济长期的衰退局面，甚至干预世界经济的运行。一方面，联邦政府通过保护主义政策、大规模减税等推动新一轮的产业结构调整，期望重振美国制造业；另一方面以重构世界经济体系为目标，限制技术、投资和人力资源的流动，本质上是阻碍社会分工的深化，干扰全球化的正常发展。毫无疑问，联邦政府对美国经济甚至对世界经济都有显著的影响力，而美国经济也早已偏离了其传统自由经济的轨道。

第二次世界大战结束时，全世界百废待兴，由于美国本土未受到战争侵害的优势，战争刚刚结束，美国开始着手布局其世界经济格局。凭借着其在当时各方面无人能及的优势，美国通过《关税与贸易总协定》打开了实行保护主义的欧洲，重构了开放的世界贸易体系。其出发点仅仅是获得欧洲市场，以最大限度地将比较优势转化为经济利益。但伴随着欧洲经济、工厂制造业的恢复，一旦美国的比较优势弱化，美国就转向保护主义政策，依靠联邦政府的力量控制经济的走向。早在《1962 年贸易扩展法》中，联邦政府就已经重新引入了保护主义的条款，其后，20 世纪 70 年代伴随着世界主要经济体恢复，美国出现贸易逆差后，保护主义思潮再次甚嚣尘上，1974 年出台的《1974 年贸易改革法》标志着联邦政府保护主义政策对自由主义政策的替代。在随后出台的《1979 年贸易协定法》《1984 年贸易与关税法》《1988 年综合贸易与竞争法》等为联邦政府的保护主义政策提供了更为宽泛的法律依据。表 11 –1 为相关具体贸易保护政策内容。

表 11 –1　　保护主义法案及相关内容

保护主义法案名称	详细内容
《1962 年贸易扩展法》	包括授权政府对特定产品进口是否威胁美国安全进行立案调查的 232 条款、向因自由贸易导致失业的工人或是遭受损失的企业提供援助的调整性援助条款以及撤回因倾销导致本国企业和行业遭受损害的进口国的关税减让的例外条款等
《1974 年贸易改革法》	301 条款，即授权联邦政府对采取“不公平”措施在贸易中损害美国企业或者行业的国家进行调查，并有权实施制裁措施。其他诸如“421 条款”、调整性援助条款的重申等为美国的保护主义政策提供了合法性等

20 世纪 90 年代以后，互联网技术革命推动了美国生产率的提升，新的比较优势下联邦政府再次转向自由主义政策。世界贸易组织在美国的推动下正式成立，美国经济与世界经济迎来了新一轮的发展契机。直到次贷危机爆发，开启了联邦政府新一轮保护主义政策对自由主义政策的替代。而随着技术的进步、经济环境的变化，美国的保护

主义政策也产生了新的演变。特别是进出口配额、许可证制度、补贴等非关税壁垒代替了原有的关税壁垒成为主要的政策手段，而政府保护的侧重点也从工业领域转向了农业领域和知识产权领域。

联邦政府保护主义政策和自由主义政策的交替有其内在的逻辑。毫无疑问，自由的贸易体系对美国内部经济增长具有正向的作用，但同时需要一套完备的利益再分配机制。在经济繁荣期，美国具有技术和资本的比较优势，倾向于获取更多的市场实现价值的转化，联邦政府有能力通过支出政策协调利益再分配。在经济衰退期，联邦政府获取的资源减少，不足以承担利益再分配的成本，从而倾向于牺牲一定的增长换取对弱势群体的保护，进而就造成了美国保护主义的形成。

美国是自由经济市场的先行者，也是开创者，自由经济的盛行，在一定时期内，无论是对于美国经济发展还是全球的经济发展都有着举足轻重的正向作用。但随着美国经济的结构性矛盾难以调和而进入衰退期时，联邦政府在难以获得新的经济增长点下会采取保护主义，以企图打破现有世界经济体系来防止本土社会危机激化，从而保护美国本土经济发展。这种二元制的政策制定模式，从表面上来看，通过内部经济改革和外部经济影响协同的方式化解似乎是合乎逻辑的，但实质上却是以扰动和破坏代替现有的合作与协调机制来获取美国利益最大化的。这种做法无疑是自大的，衰退时期财政政策的制定应该是对其发展战略进行修正反思，而不是破坏现有规则、牺牲别国利益。这种做法短期或许会是拯救经济发展的强心针，但这种忽视内在结构性矛盾的做法长期来看却是不持久的；当结构性矛盾变得不可调和时，就可能演变为难以克服的危机。在当下，美国经济是影响世界经济发展的枢纽点，危机一旦发生，对于全世界的经济发展又将会是灾难性的。

第二节　党派斗争导致财政效率低下

不可否认，美国在其财政政策及国家发展策略的制定上有着独特的合理性和科学性，同时，参众两院、总统与国会之间相互牵制的分权理念又在相关流程实施中体现得淋漓尽致。因此美式“民主”常为人们称颂甚至模仿，但事实上，其民主制度并非完美无缺。美国实行的是总统制，国会议员和总统通过不同的选举产生，并不是由一方（如国会）选举出另一方（如总统）。因此，美国历史上很少有总统和国会多数派都来自同一政党。另外，各个部门受不同政党统治的现象也时常发生，在这种背景下，就算是身为总统，在其任内，很多代表其执政理念的政策及法案都无法通过，例如奥巴马总统的几乎所有的重大立法成功都发生在第一任期内的2009年和2010年，因为这两年是民主党同时掌握参众两院控制权的时期，后期他的一些代表执政理念的政策由于国会的阻挠，双方僵持不下，最后都不得不以总统行政令的方法实施，但由于行政令不是法律，在其卸任后绝大多数被终止。这种由于政治风险而造成的政策实施不连续的方式，不禁让我们产生对美国财政政策的时效性和精准性方面的质疑。

同时，由于党派执政之争而导致的美国政府“停摆”现象屡见不鲜，历史上，美国联邦政府曾多次因出现两党意见不合而被迫“停摆”事件。据统计，自 1977 年以来，联邦政府部门“停摆”已超过 20 次，持续时间短则 1 天，长则数周。近年来，美国政府“停摆”相隔时间呈现出缩短的趋势，例如，2018 年一年，美国政府就 3 次陷入“停摆”危机。作为世界上唯一的超级大国，美国联邦政府“停摆”不仅对美国政治、经济、社会造成负面影响，其对全球治理前景带来的不确定性风险也将上升，可能成为全球重要的风险来源。

总结而言，美国的“三权分立”、两党轮流执政以及联邦州和地方的过度分权等制度安排，一方面削弱了专制独裁的可能性，并有利于避免政策出现过大偏差；但另一方面却为各项改革设置了许多人为的刹车点，拖累了政府的行动能力和政策的效率，同时也滋养了当政者的短视行为。理论而言，如果一方党派获得优势地位，比较容易出现政治性妥协。但一旦两大政党势力不分伯仲，问题就会变得棘手。如果两大政党之间互相妥协并合作，对于执政的一方是极为不利的，不利于维持民众支持率。因此，势均力敌的两大政党为了展示自己鲜明的独特个性，经常会形成对立局面。这种美式“民主”的无奈客观上造成了部分制度的割裂、改革的反复、政府的停摆、债台的高筑等问题，同时党派斗争及两党分别控制的分裂势力势必会出现更多的政治僵局和“囚徒困境”博弈，并最终导致决策低效的内耗增多。

第三节 中国的财政补贴要秉承“一元”为主、“二元”为辅的方针

一 “一元”即要秉承一以贯之以人民为中心的国家经济发展治理目标

中国财政的本质是国家财政并始终服务于国家治理目标，中国社会主义国家性质决定了中国财政的本质始终是国家财政，财政始终是以国家治理工具的角色存在的，无论是计划经济体制下的生产建设型财政、社会主义市场经济体制下的公共财政，还是国家治理现代化目标下的现代财政制度，财政都是践行国家战略目标的重要工具和制度保障，这一点在中国现行政治体制条件下始终未发生过改变。同时这一目标的实现又是建立在我党以人民为中心的执政理念与财政的人民性为基础的。党管财政的制度性安排决定了共和国财政的本质是人民财政，财政的职能、作用、范围与工作始终围绕为人民谋发展、为民族谋复兴这一一以贯之的治理目标。

相较于美国财政治理由于党派斗争以及执政理念不同而导致的政策不延续性和低效性，中国在进行财政补贴等财政制度的制定上，更要突出一以贯之以人民为中心的治理目标，充分发挥中国的制度优越性，即党总揽全局、协调各方的领导核心作用。秉承财政治理要符合

国家发展这一理念，避免出现决策低效而导致的内耗增多。在这样的政治体制下，中央和地方在制定政策时具有独特的互动过程，中央统一领导立法、行政与司法，而在此前提下又充分发挥地方的主动性、积极性，由此形成不同于民主联邦制国家的央地关系。进而在经济发展决策中政策的制定不是仅仅考虑到短期的调节，而是做到中长期兼顾、确保稳定的经济发展路线得以实施。

二　“二元”即保护主义和自由主义的交替应循序渐进

毫无疑问，自由主义经济的发展路径是世界经济发展的必然趋势，因为其能实现整体的效率而非某一局部的效率。但无论国家还是世界在发展过程中都必须处理好效率与公平的取舍以及增长带来的风险，因此，对于发展中国家来说由产业保护向自由市场的转变是一个持续的过程，需循序渐进。

自由主义经济的发展本质上是社会分工的深化。而不同层次的社会分工面对的产品需求弹性不同，抵御风险的能力也就不同。正如“华盛顿共识”看似为拉美国家提供了一条可行的发展路径，以农业和采矿业的比较优势换取经济增长。但是相比于工业品，农产品和原材料需求弹性更小，拉美国家又缺乏定价的话语权，导致进口工业品价格上升时，不得不通过出口更多的农业品和原材料来弥补贸易缺口，从而造成贫困化增长。

因此，从历史结果来看，对于还处在发展中国家序列的中国，由产业保护向自由市场的转变应是一个持续的过程，需循序渐进，更要谨防包括市场风险、金融风险在内的外部风险，特别应关注定价能力及产业化水平的提升，保证实现经济平稳良性的发展。在不同的历史时期和不同的外部环境下，政府与市场的互动，自由主义与保护主义的权衡，集权与分权的转化都会有不同的结果。因此对于中国的财政补贴制度的制定乃至财政政策的制定，所选择的路径目标也不应再是单一化的赶超式发展，而更多的是在保护主义和自由主义交替二元过程中，注重经济增长、分配公平和风险可控中进行权衡选择。

三　在新一轮全球化重构中，中国应扛起大旗

当今世界，全球产业的关联度以及依存度大大提升，一国产业结构的建立、调整必须在与其他国家的互联互动中进行。各国须在互利共赢中获取要素配置效率和全要素生产率提高所带来的全球共同发展的红利。然而，当前全球政治经济格局正处于前所未有的调整期，美国一系列“逆全球化”的举措所引起的国际冲突与博弈正是这一变化的突出表现。在全球结构和秩序重构的过程中，那些符合未来发展趋势的潮流、规则及价值主张，才是最有生命力的。这对于积极提倡全球化、主张构建“包容性”发展的中国而言，无疑是一次重大的挑战，更是一次难得的历史性机遇。在这样的背景下，中国需要推动新

一轮全球化，以全球价值链重塑为契机，全面提升国家的产业结构竞争力，更好地贡献治理理念和治理规则等公共产品，创造新的全球化净收益，以真正实现人类命运共同体这一宏伟目标。

第十二章

后疫情时代专篇

第一节　后疫情时代的经济现状

一　全球现状

2020年，一场突如其来的新冠疫情席卷全球，既夺走了无数人的生命，也重创了全球经济。疫情阻隔了人们的交流往来，更阻断了生产、消费、流通的联结；疫情冲击下，贸易中断、产业链受阻、消费下滑、国际投资骤降。以人员、货物流动为特征的传统经济尤其损失惨重，零售业、餐饮业、旅游业等行业都遭受了沉重的打击。

与之相对的是，大量互联网公司迎来了发展的机遇。居家办公、无接触购物等“在线式”生活方式已成为疫情时代的新常态。这些新型需求极大地推动了数字经济的发展。而数字经济也为缓解经济下行压力、推动全球经济复苏做出了巨大贡献。

如今，距离疫情暴发已有三年，我们已处于后疫情时代。但新冠疫情已给整个世界打下了永久性的烙印。在时有反复的疫情下，短期内难以凭借传统的经济模式有效恢复经济；急需新产业、新业态、新模式等新动能来创造经济新的增长点。数字经济就是重要的新动能之一。从短期来看，数字经济可以推动教育、物流等传统产业快速升级，创造出新的服务需求，从而促进消费升级；从长期来看，数字经济可以提高全要素生产率，从而提高全社会的生产水平。目前，众多国家均在着力发展数字经济，数字经济已成为经济高质量发展的新引擎，成为大国竞争的关键领域。

可以说，在后疫情时代下，经济数字化的时代已然来临。

二　中美经济发展现状

中国和美国分别是全球第二大和全球第一大经济体，是分别位于东、西方的两个大国。从某种意义上来说，东西方力量对比的缩小就是中美力量对比的缩小。中美两国的经济现状具有一定的代表性。同时，对比中美经济发展现状，也对我们反思自身问题、应对来自美国的挑战具有现实意义。

（一）中美经济对比

经济增长方面，从实际 GDP 同比增速来看（见图 12－1），疫情期间中美两国总体经济走势相似，都呈现出了经济急剧下滑、“V”形修复、再上升、再下滑的特点。2020 年，由于中国面对疫情果断采取防控措施，较为迅速地控制住了疫情，率先实现了经济复苏的进程，经济增速大幅高于美国。2020 年，中国 GDP 同比增长 2.3%，美国 GDP 同比下降 -3.5%；2021 年，中国全年 GDP 同比增长 8.1%，美国则增长 5.7%。面对疫情，中国经济展现出了强劲的韧性。

然而，2022 年第二季度，中国经济又受疫情冲击，GDP 增速下落至 0.4%，低于美国的 2.3%。中国面临着巨大的经济下行压力，仍需长期坚持以经济建设为中心的主线。

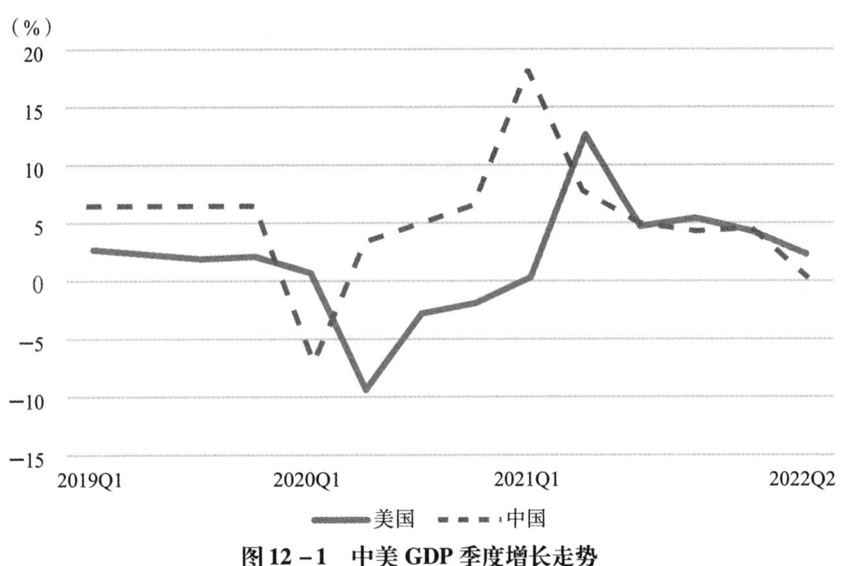

图 12-1 中美 GDP 季度增长走势

资料来源：中华人民共和国国家统计局。

通胀方面，从 CPI 月度走势来看（见图 12-2），目前中美两国面临的通胀压力存在很大差异。中国的通胀水平不高；而美国则面临着较为严峻的通胀问题，并且呈现出持续走高的态势。

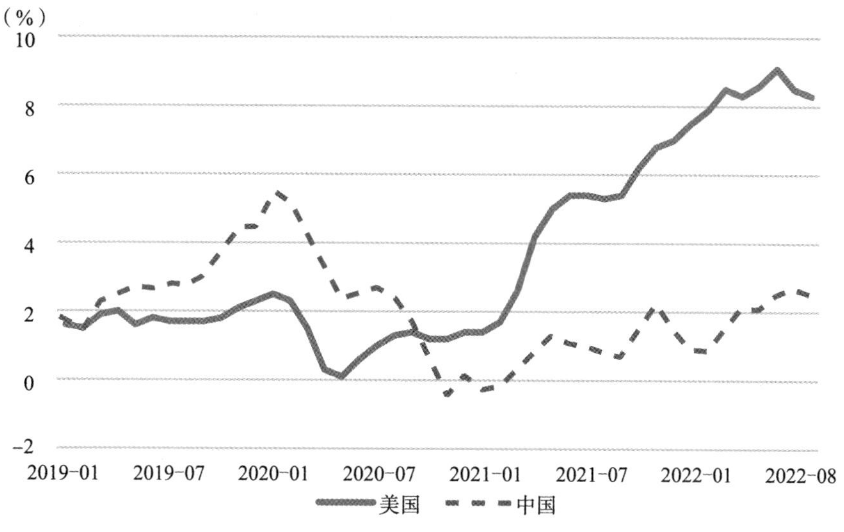

图 12－2　中美 CPI 月度走势

资料来源：中华人民共和国国家统计局。

生产、消费方面[①]，从消费方面来看，比较中美社会零售额同比增速（图 12－3），可以发现中美两国的总体变化趋势是相似的。但疫情暴发后美国的社会零售额增速基本上都比中国要高。这在一定程度上反映出在消费领域，美国比中国恢复得更快，增长得更高。2022 年以来，美国的消费总体上还保持良好。而中国 2022 年 3 月到 5 月，由于多个中心城市暴发大规模疫情并带来全国性的疫情反复，消费受到了严重冲击，社会零售额同比增速在 4 月甚至降到了 －2.9%。虽

① 由于中华人民共和国国家统计局自 2013 年起，对 1—2 月的社会零售额和工业增加值一起调查、发布，不再单独发布 1 月和 2 月各自的数据，而美国是单独发布 1 月和 2 月的数据。考虑到数据的可比性，图 12－2 和图 12－3 中对中美两国 2020—2022 年 1 月和 2 月的数据进行了剔除。

然 6 月以来中国消费也在稳步复苏，但仍存在很大的消费增长空间。

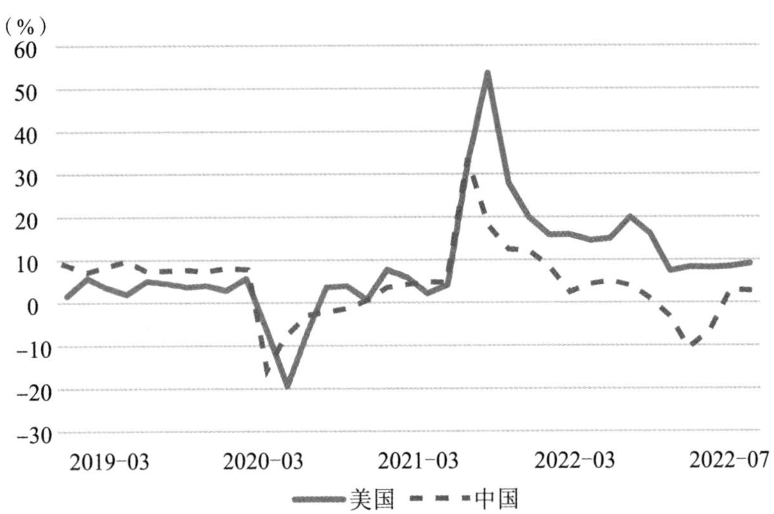

图 12－3 中美社会零售额同比增速月度走势

资料来源：中华人民共和国国家统计局。

而从生产方面来看，比较中美两国工业增加值的同比增速（图 12－4），可以发现中国的工业生产增速总体上是比较稳定的，2020 年 3 月虽有大幅下降，但很快得到了控制，增速回升并保持稳定。而美国的工业生产增速则是在疫情之初遭遇剧烈下滑，2020 年 4 月骤降至－17.1%，直到 2021 年 3 月工业生产增速才回升为正值。同时，需要注意自 2021 年 3 月以来，中国的工业生产增速开始持续放缓，并在 2022 年 4 月降为负值。虽然 6 月起又开始稳步回升，8 月已升至 4.2%，但仍需警惕经济供需双乏力的风险。

就业方面，从失业率的月度走势来看（图 12－5），从疫情暴发至今，中国的失业率始终保持平稳，没有出现大规模的失业，这也体现出国家切实将“保就业”落到了实处。而美国在疫情冲击下，2020 年 4 月失业率急剧攀升，之后则开始缓慢下降，直到 2021 年 9 月才基本回落到疫情前的水平；同时，2022 年 2 月以来美国失业率维持在 3.5%—4% 的水平内，已超过了充分就业水平，目前就业市场较为强劲。

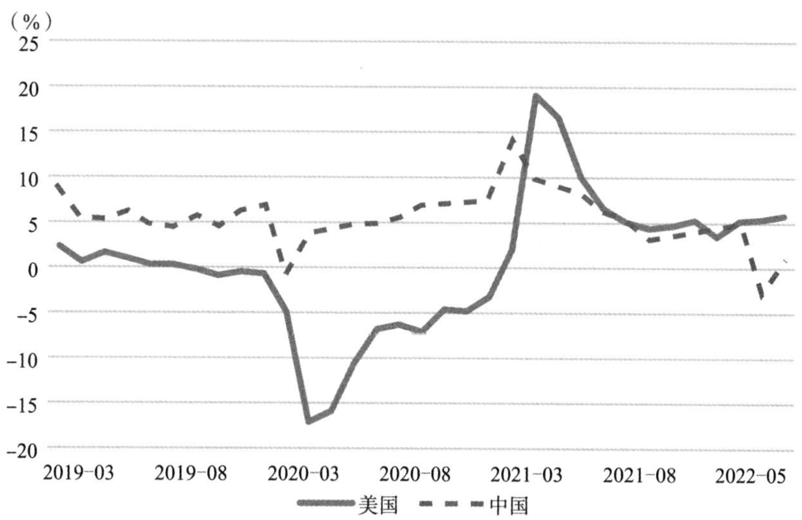

图 12－4　中美工业增加值同比增速月度走势

资料来源：中华人民共和国国家统计局。

（二）经济现状分析

上述图表显示出，目前中美在经济发展的诸多方面存在着差异。总的来说，目前美国的通货膨胀压力更大，而中国的经济下行压力更大。2022 年是美国经济加速修复和宏观政策努力回归常态的一年，也是中国经济稳字当头、稳中求进的一年。美国既要控制高通胀，又要避免过度抑制疫后的脆弱经济；而中国则是既要稳增长，又要防范财政风险。

中美两国当前经济状况的差异一方面源于中美国情和疫情防控模式的不同，另一方面源于中美过去采取的不同的宏观政策。美国在疫情期间实行了规模空前的刺激政策，而中国的宏观刺激政策则较为克制。

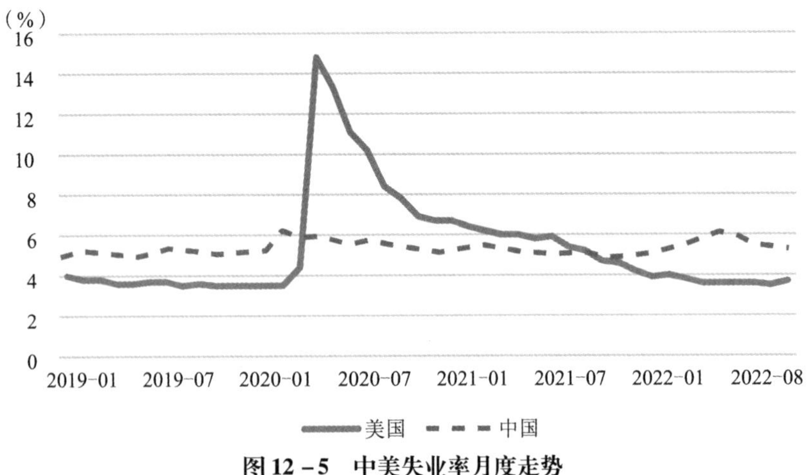

图 12－5 中美失业率月度走势

资料来源：中华人民共和国国家统计局。

那么中美自疫情发生以来具体实施了什么样的宏观政策？各自的政策有什么效果？在后疫情时代下，政府的宏观政策又该如何设计？后文将聚焦于财政补贴政策来进行具体分析。

第二节　疫情下中美财政补贴现状及影响

一　政策内容

（一）美国政策

2020 年，为应对疫情冲击，特朗普任期内美国先后出台了六轮财政刺激政策，以保障美国家庭的基本生活、避免中小企业大规模破产。2021 年，美国经济稳步复苏，而拜登政府仍然选择加码财政刺激，以期促进经济复苏。此外，2022 年，美国还先后出台了《芯片和科学法案》《通胀削减法案》，以期抓住经济增长新动能，推动芯片、新能源等产业的发展。表 12－1 为 2020—2022 年美国财政刺激政策主要内容梳理。

表 12－1　　2020—2022 年美国财政刺激政策主要内容

发布时间	法案名称	涉及金额	主要内容
2020. 3—2020. 12	《5 项抗疫纾困法案、3 项备忘录和 1 项行政令》	3. 4 万亿美元	（1）3000 亿美元向中低收入美国民众直接派发（成年人 1200 美元/人，未成年人 500 美元/人）； （2）扩大失业补助覆盖人群，向领取失业救济的人提供每周 600 美元的额外补贴，延长失业保险期限 13 周； （3）对州和地方政府进行拨款； ……

续表

发布时间	法案名称	涉及金额	主要内容
2021.3.11	《2021年美国救援计划法案》	1.9万亿美元	(1) 1万亿美元向美国民众立即提供直接救济，包括个人收入补贴和税收减免； (2) 3500亿美元用于州和地方政府拨款； (3) 500亿美元用于援助小企业
2021.3.31	《美国就业计划法案》	2万亿美元	(1) 主要投资于基建、制造业和护理服务； (2) 将清洁能源发电和储能的税收抵免延长10年，并为消费者提供购买美国制造电动汽车的税收优惠
2022.8.9	《芯片和科学法案》	2800亿美元	(1) 为美国半导体研发、制造和劳动力提供527亿美元支持； (2) 在美国建立芯片工厂的企业将可以获得25%的投资税收抵免； (3) 获得美方补助的企业十年内不得与中国或其他“令美国担忧”的国家进行任何“重大交易”，以及投资先进制程芯片
2022.8.16	《通胀削减法案》	补贴涉及约4370亿美元	(1) 通过对大型企业和富有人群提高税收以及降低医疗保险处方药价格等方式，筹集约7370亿美元的收入； (2) 收入中的4370亿美元用于应对气候变化、降低健康保险费，其中，通过个人和企业的税收减免（约2460亿美元）、发放补贴等方式，刺激电动汽车等清洁能源产业的发展。并规定电池关键物质和组件的一定价值百分比由美国或与美国签订自由贸易协定的国家开采、加工、生产，且新车本身的组装在北美进行，才能申请有关减免或补贴； (3) 收入中3000亿美元用来填补未来的财政赤字

注：表中款项未全部列出。

（二）中国政策

2020 年疫情伊始，中国政府就快速反应，迅速给各级财政安排疫情防控补助资金，并进行复工复产的经济扶持。2021—2022 年，中国继续推行大规模的减税降费政策，以实现保就业、保基本民生、保市场主体，从而推动经济的恢复和增长。同时，中国也深刻把握后疫情时代下的经济发展大势，对数字产业、新能源汽车等领域予以适当的财政支持。表 12 -2 为 2020—2022 年中国财政激励政策主要内容梳理。

表 12 -2　　2020—2022 年中国财政激励政策主要内容

政策类别	涉及金额	主要内容
发放消费券	2020 年，杭州发放 16.8 亿元消费券，南京发放 3.18 亿元，济南发放 2000 万元……	2020 年 2 月起，各地政府推出发放消费券政策；消费券往往包括餐饮、文娱、零售等类，并设计有一定的满减规定
减税降费	2020 新增减税降费规模超 2.6 万亿元； 2021 新增约 1.1 万亿元； 2022 全年预计退税减税 2.5 万亿元	（1）2020—2022 年对遭受疫情冲击的困难行业、重点行业企业实行税费减免、加大税前扣除、延长亏损弥补年限、延长税收优惠执行期限等政策； （2）2021—2022 年，加大对小微企业和增值税小规模纳税人的税收减免力度； （3）2022 年，推行组合式减税降费政策，加大增值税留抵退税政策实施力度
地方拨款	2 万亿元 （不完全统计）	2020 年，增加 1 万亿元赤字规模，并发行 1 万亿元特别抗疫国债，2 万亿元全部转给地方

续表

政策类别	涉及金额	主要内容
针对经济新动能产业的相关政策	（暂难以衡量）	（1）2020 年 4 月延长新能源汽车推广应用财政补贴实施期限至 2022 年底，平缓补贴退坡力度和节奏； （2）2020 年 8 月发布公告，对符合条件的集成电路产业和软件产业实施税收减免优惠； （3）自 2021 年 1 月 1 日起，对购置的新能源汽车免征车辆购置税； （4）2022 年发布公告，开展财政支持中小企业数字化转型的试点工作，中央财政安排奖补资金支持服务平台，由服务平台为中小企业提供数字化改造服务

二 政策对比

（一）中美财政补贴政策的异同点

中美两国在疫情期间都积极通过税收减免、发放失业救济金等方式来保障居民生活、帮助企业存活；疫情后期，在继续补助企业、个人的基础上，着重支持新能源等关键领域、高科技领域的发展。

同时，疫情期间两国的财政补贴政策也存在不同。

首先，从规模上看，美国的财政刺激政策规模庞大、力度空前，将财政“撒钱”做到了极致；相较之下，中国的财政政策则规模略小、力度略弱，整体比较谨慎克制。

其次，从政策的主要着力点来看，美国的财政刺激政策倾向于直接补贴居民，疫情津贴、失业救济等直达个人消费主体，通过提升居民收入从而支持居民消费、促进经济恢复。特朗普任期内规模 2.2 万亿美元的新冠病毒援助、救济与经济安全法案以及拜登任期内规模 1.9 万亿美元的美国救援计划法案，都将大部分资金用于救济居民个人。这凸显出了美国财政补贴政策向需求侧倾斜的特点，也能部分解释疫情期间美国消费的快速恢复。

而中国的财政刺激政策则是从企业端入手，聚焦于减税降费和组合式税费支持政策，向困难行业企业提供帮助，通过保住广大的中小微企业等市场主体来达到增长、就业、民生的“三稳”目标。这也印证了疫情期间中国工业增加值增速的稳定。当然，疫情期间，多地政府还向居民提供了消费券来刺激消费，但从整体政策重点来看，中国的财政补贴政策还是呈现出向供给侧倾斜的特点。

同时，中国的消费券和美国的现金补贴之间也存在不同。民众拿到现金补贴，可能会在对疫情的恐慌下将这笔钱存起来，选择储蓄而不是消费；而消费券则不容易转化为储蓄。但是，和现金补贴相比，发放消费券也可能会扩大收入的不平等，从而限制政策效应的发挥：一是部分不会使用手机的人群难以获得消费券，自然也就无法获得相应补贴；二是高收入者使用消费券来提升购买力，而低收入者则可能由于无力消费而不能提升实际购买力。

（二）中美财政补贴政策缘何不同

需要注意的是，中美两国的财政补贴政策并没有绝对的优劣之分，两国的政策选择是由各国的实际情况决定的。

疫情期间美国的财政补贴规模如此之大，其一，源于美国的多党执政制度。2020 年是美国的大选之年，2022 年 11 月又将迎来中期选举，在这样的关键时刻，民共两党都不希望因救助力度不够而失去选民，因此无论是特朗普政府还是拜登政府，都倾向于通过大规模的财政补贴政策来拉拢选民，也使政策视野具有一定的短期性。其二，新冠疫情对美国社会、经济冲击巨大。2019 年美国服务业占 GDP 比重高达 81%，而疫情冲击最大的就是服务业；同时美国民众储蓄率较低，2019 年居民储蓄率为 19.4%，低于 26% 的世界平均值。广大服务业从业者一旦失业，就会面临严重的生活问题，从而冲击美国的经济社会稳定。

而中国保守克制的补贴政策，也是由中国的现实情况决定的。其一，自特朗普上台以来，中美间贸易摩擦不断升级、中美关系不断恶化，外部环境严峻；而从内部来看，连年大规模的减税降费和日益难以为继的土地财政带来了各级政府的财政压力问题。为此，中国应当以长远冷静的战略目光预留出适当的经济政策空间。其二，2019 年中国服务业占 GDP 比重为 53.9%，居民储蓄为 47%，大部分人群还可以承受疫情冲击，疫情对经济社会的打击比美国要小。

三 政策效果

中美两国财政补贴政策内容不同，相应的政策的实施效果也不同。

美国财政补贴政策效果方面，一方面，美国以大规模的失业救济、税收减免乃至派发现金等方式直接补助居民个人，这推动了个人可支配收入和居民消费的迅速回升。如图 12－6，2020 年 6 月和 2021 年 3 月，美国人均可支配收入均出现了大幅提升。又如前文的图 12－3，社会零售总额增速在 2020 年 6 月由负转正，并在 2021 年 3 月大幅攀升。这在很大程度上就是特朗普政府在 2020 年 3、4 月以及拜登政府在 2021 年 3 月推行大规模财政补贴政策的结果。且消费约占美国 GDP 七成比重，美国大规模的财政补贴拉动消费增长，对美国经济复苏具有很大的促进作用。

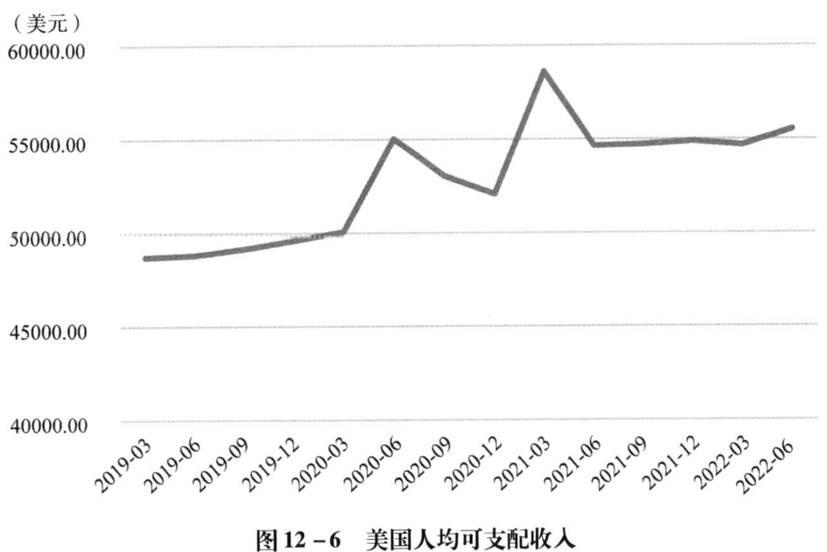

图 12－6　美国人均可支配收入

资料来源：CEIC。

此外，美国通过减税和贷款等方式加大对困难行业企业的财政支持，在很大程度上减少了企业破产和失业，提振了市场信心。这些举措都为美国经济复苏注入了动力。如前文图 12－1，美国 GDP 增速从 2020 年第三季度起开始逐渐回升，并在 2021 年第二季度大幅升高。

另一方面，面对大量的现金补助，一些居民选择储蓄而非消费。Carroll 等（2020）评估了美国 CARES 法案对消费支出的影响，他们将家庭分为三组：没有失去工作的家庭、“正常失业”和“严重失业”的家庭，对这三组家庭，CARES 法案对其消费支出的影响存在差异。其中，没有失去工作的家庭在收到刺激资金后，只有大约 20% 的资金会被立即支出，这些家庭增加了储蓄。同时，也有一些居民在“等、靠、要”的思想下就业意愿下降、选择不去就业。如前文图 12－5，美国失业率已经回升至疫情前的水平，而图 12－7 中，美国劳动人口参与率仍与疫情前的水平有较大差距。这些都在一定程度上反映了美国补贴政策的实施也存在不足，政策效果没有完全发挥。

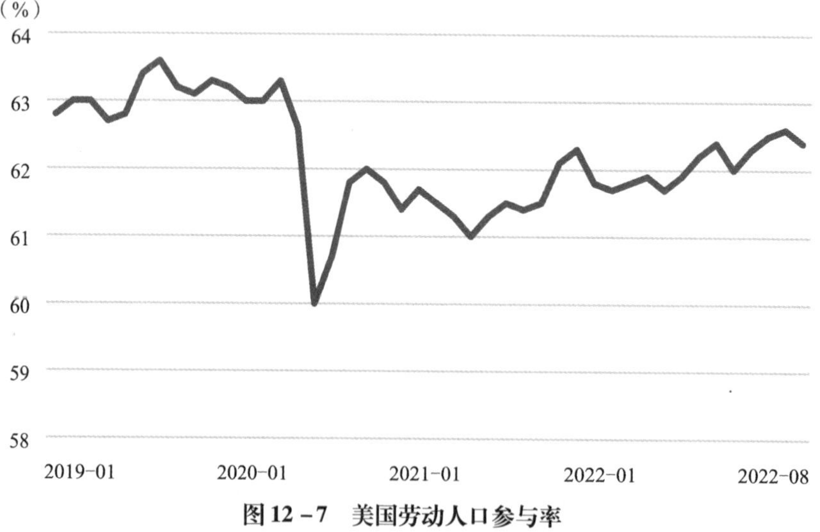

图 12－7 美国劳动人口参与率

资料来源：Central Intelligence Agency（美国中央情报局）。

此外，大规模的扩张性财政政策也极大增加了美国的财政风险。2020 年美国财政赤字占 GDP 的比重从 -4.6% 变为 -14.9%；联邦债务占 GDP 的比重也超过了 100%。过高的财政赤字，无疑将挤压美国未来的政策空间。而且，由于美国财政补贴政策向需求侧倾斜，美国消费需求大幅反弹，而疫情之下供应链又未完全恢复，供需缺口加大，再叠加宽松的货币政策，就导致了严重的通货膨胀问题。如前文图 12-2 所示，美国通胀率自 2021 年起持续走高，2022 年 6 月高达 9.1%。虽然拜登政府在 2022 年 8 月推出了《通胀削减法案》，但其实际效果仍然存疑。

中国财政补贴政策效果方面，和美国相比，中国财政补贴政策规模较小，但在疫情初期，中国财政政策出台迅速而密集，从而较早遏制了疫情蔓延、推动经济恢复，并降低了对扩张性财政政策的依赖。

一系列阶段性税收减免和减税退税政策，促进了中国经济的稳步回升，有利于“保就业，保民生，保市场主体”目标的实现。中国 GDP 增速在 2020 年第二季度就由负转正、开始回升；失业率则始终保持稳定，没有太大的波动。

此外，与美国相反的是，中国财政补贴政策整体上向供给侧倾斜。如前文图 12-4，中国工业增加值增速在 2020 年 3 月就得到反弹，在 2020—2021 年间总体保持稳定，并显著高于美国。图 12-8 中的服务业生产指数同比增速①也是在 2020 年 3 月迅速反弹，并在

① 2019 年 1 月，以及 2020—2022 年 1 月、2 月的数据有缺失，未包含在图 12-8 中。

2021 年 3 月前始终保持增长态势。中国供应链总体恢复速度较快。减税降费的补贴政策有效促进了生产恢复，发挥出“稳增长、保市场主体”的效果。

而前文的图 12 – 3 中，中国社会消费品零售额同比增速虽然在 2020 年 3 月开始回升，但直到 8 月才由负转正；而且总体增长态势远低于美国。这在一定程度上反映出居民需求扩张有限、消费恢复相对较为缓慢。近年，中国最终消费支出占 GDP 的比重稳定在 55% 左右，尽管不是美国那样的消费驱动型经济，但消费对中国经济而言也是重要的增长动力。财政补贴政策对消费的刺激效果还有待加强。

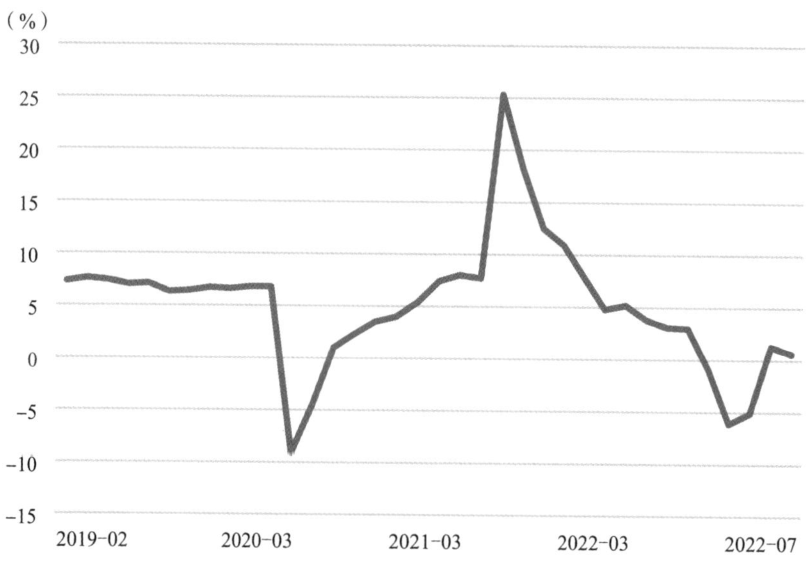

图 12 – 8 中国服务业生产指数同比增速

资料来源：中华人民共和国国家统计局。

同时，供给恢复较快、消费恢复相对缓慢，也使中国供求缺口并不显著，再加上国家对重要领域的价格管控，使消费价格平稳运行、通胀压力不大。如前文图 12－2，2021 年以来，中国通货膨胀率基本稳定在 1%—2.5% 的区间。

此外，2022 年 3 月以来，由于受疫情冲击，生产、消费的相关指标都呈现出下滑态势，虽然现在有所回升，但还是要警惕供需两端双乏力的风险，并积极运用适当的财政政策加以应对。

第三节　结论和建议

通过梳理疫情之下中国财政补贴政策走了哪条路、当时为何选择走这条路、这条路走得怎么样，再对比美国所选择的道路，可以为后疫情时代下的中国财政补贴道路提供方向指引。

面对疫情，中美两国从自身实际情况出发，采取了不同的财政政策，实施效果各有亮点和不足，而这也导致两国目前的经济发展状况不同，要解决的经济问题不同。美国财政政策规模庞大，经济增长强劲而通胀压力大；中国财政政策审慎克制，经济下行压力大而通胀压力小。当前，中国要继续坚持以经济建设为中心，努力扩大内需、畅通国内大循环；同时，牢牢把握住新业态的发展机遇，并积极应对来自外部环境的挑战。

基于此，首先构想后疫情时代下财政政策的总体设计目标：一是要发挥财政政策在促进收入分配公平和提振消费中的作用，推动消费加速复苏；二是要注重财政可持续性，防范财政风险；三是要积极运用财政政策给予新业态、新产业以必要的支持鼓励。

在财政政策的大目标下，根据疫情以来美国财政补贴政策的实践，结合中国实际情况，对中国后疫情时代下财政补贴政策的设计提出以下几点展望。

一 财政补贴应切实促进实体经济恢复

注重消费端，并探索多元化补贴方式。目前，中国消费复苏相对来说较为缓慢，某种程度是由于中国先前采取的财政补贴政策主要聚焦于供给端。

对此，在经济恢复发展的后疫情时代，财政补贴应兼顾需求侧和供给侧，坚持企业和居民并重，着力提升居民的消费水平，尤其是增加低收入群体的消费能力。可以探索多元化的补贴方式，由中央财政对低收入群体直接进行现金补贴和税收减免，由地方政府针对辖区居民的实际需求发放消费券。同时，应降低消费券的领取门槛，加大宣传力度、尽力减少消费券发放过程中的信息不对称性，并通过满减等设计刺激关联消费增加，以有效发挥消费券的乘数效应。

考虑财政的承受能力，避免补贴滥用。美国实施的大规模财政补贴政策虽强力提振了经济，但也引致了高赤字和高通胀问题。中国采取的财政补贴政策虽然较为克制，但当前形势下加大的财政压力和潜在的财政风险也不容忽视。而且，过度的财政补贴还会滋生懒惰情绪，不利于个人和企业的长远发展。

因此，应考虑政策实施的长期影响，审慎地运用财政补贴政策。可以运用大数据对以往的补贴对象进行跟踪分析，分析什么样的财政补贴是有效的，以此提升政策实施的精准性，降低财政成本。同时，为防止地方政府滥用补贴，还要加快推进财政补贴的法治化进程，加强对财政补贴的制度建设，来提高补贴管理的规范性。

二　财政补贴应有效促进数字经济发展

近年来，数字经济在经济下行压力下展现出了极强的韧性，是促进中国经济恢复发展的重要动力。同时，在全球经济数字化的发展大势下，未来势必要以数字经济的发展来推动中国的现代化。财政作为国家治理的基础和重要支柱，其财政补贴政策也应促进数字经济的发展。

发展数字经济，需要推动一大批中小企业进行数字化转型。而中小企业数字化转型面临着不少现实问题和挑战，比如数字化转型的高成本和高风险就严重抑制了中小企业转型的积极性。目前，中国已经开展财政支持中小企业数字化转型的试点工作，对为中小企业提供数字化改造服务的服务平台提供奖补资金，奖补资金和完成验收的试点企业数量相挂钩。这无疑能降低中小企业数字化转型的成本，鼓励企业进行技术化转型。

同时，未来还可以进一步加强政策支持力度，来鼓励更多的市场主体参与数字经济建设。比如可以为中小企业以及对中小企业提供数字化转型技术设备的企业，提供低息贷款、专项财政补贴，对这些企业的收入进行一定年限的免税，等等。此外，针对中小企业畏惧数字化转型失败的心理，还可以对转型失败、研发失败的企业给予一定比例的财政补贴，来鼓励企业大胆尝试、大胆创新。但这类财政补贴一定要设置金额限制和年限限制，避免出现企业骗补、抑制企业创新的反作用。

三 财政补贴应积极应对来自美国的打压

2022 年，美国相继出台了《芯片和科学法案》和《通胀削减法案》。其中，《芯片和科学法案》规定获得美国补贴的企业 10 年内不能在中国大陆等地区发展高端芯片制造；《通胀削减法案》也规定获得美国补贴的企业只能在美国、加拿大和墨西哥组装车辆和主要零部件，不能在中国等其他地区组装。这两个法案，一个针对作为数字经济发展基石的芯片，对中国实施“卡脖子”的技术制约；一个针对发展势头强劲的新能源领域，试图驱赶中国的电动车产业链。而数字经济和新能源产业，都是后疫情时代下关键的经济增长点，都是至关重要的振国重器。

对此，政府要对这些产业予以必要的支持和刺激，积极运用财政补贴政策应对来自美国的打压。

建立监督、评估机制，避免补贴滥用。对补贴要进行过程和结果的监督、评估，必须要把财政补贴真实地运用在芯片、新能源电池的研发制造上。如果补贴被用于其他方面，或者补贴完全没有达到应有的效果，那么就要停止补贴。同时，如果企业开始大规模生产盈利，那么补贴就应逐渐退出。这样可以避免财政的浪费性支出和产能过剩；还可以切实鼓励企业创新，只让真正创新的企业受惠。

明确并提高补贴对应的技术标准，推动企业创新。应适当提高企业获得补贴的技术标准，从而加大企业寻求技术突破的动力。同时，对相应的技术标准要予以明确，政府部门也要对企业研发出的技术和产品的标准进行抽查，对于谎报技术标准的企业要进行处罚。

审慎使用财政补贴政策。针对芯片等高科技行业提供合适的财政补贴，在一定程度上的确能促进企业创新、推动技术突破。但同时也应明确核心科技的发展最终要靠市场而不是补贴，特别是现金补贴，高额而缺少限制的补贴很可能会引发“骗补”事件而不是激励企业创新。

对此，要对申请补贴的企业进行严格的资质审查，并谨慎地使用补贴政策，不能让补贴政策过度干扰市场运行。同时，在财政政策之外，也可以辅以人才政策、营商环境政策等，来共同推动后疫情时代下关键行业、关键技术的发展。

参考文献

中文文献

白彦锋、叶菲，2014，《美国财政赤字状况及其可持续性分析：基于蓬齐博弈与非蓬齐博弈的分析》，《中央财经大学学报》第2期。

陈炳才，2020，《后疫情时代我国经济发展若干政策建议》，《开放导报》第6期。

陈丰，2018，《从历史演变看特朗普财政政策对美国经济的影响》，《国际金融》第3期。

陈共，2012，《财政学》（第七版），中国人民大学出版社。

陈伟光，2022，《后疫情时代的全球化与全球治理：发展趋势与中国策略》，《社会科学》第1期。

陈文鑫，2022，《拜登基建计划与美国长期竞争力》，《现代国际关系》第3期。

陈莹、王明远、唐盟，2017，《特朗普医疗保险改革述评》，《地方财政研究》第11期。

陈智华、黄京菁，2022，《疫情冲击下的美国财政政策及思考》，《中国财政》第4期。

刁大明，2017，《美国两党政治走向及对特朗普外交的影响》，《现代国际关系》第10期。

傅志华等，2021，《“美式”国家治理的财政观察》，中国财政经济出版社。

革昕、浩全，2017，《特朗普经济政策的影响及应对策略》，《财政科学》第4期。

耿仲钟，2021，《我国农业国内支持政策的改革进程与演进特征》，《农村经济与科技》第19期。

龚利等，2019，《中国化石能源补贴区域分布及改革影响效应研究》，《地理科学》第1期。

谷源洋，2018，《美国〈减税和就业法案〉的国内效果与外溢效应》，《祖国》第4期。

郭强、张明、肖尧，2021，《拜登政府财政政策评析》，《经济学家》第11期。

郭馨怡，2021，《美国两党政治困境的制度根源与历史嬗变》，《统一战线学研究》第1期。

胡宏伟、王红波，2021，《美国托底性医疗保障：体系阐释、制度评估与经验启示》，《经济社会体制比较》第 5 期。

黄柯可，1987，《美国两党制的形成及其历史特点》，《世界历史》第 1 期。

李超民、胡怡建，2017，《特朗普税制改革取向及其影响》，《税务研究》第 1 期。

李沫，2021，《财税政策激励对数字产业发展影响研究》，东北财经大学，博士学位论文。

李淑俊、倪世雄，2007，《美国贸易保护主义的必然性与偶然性——对未来美国贸易政策的政治经济分析》，《世界经济政治论坛》第 3 期。

李伟毅、赵佳，2012，《中国农业直接补贴：演变历程、阶段特征与变迁方向》，《经济研究参考》第 60 期。

刘克军，2005：《美国医保制度：昂贵且不公平》，《中国社会保障》第 11 期。

刘尚希、傅志华、李成威、于雯杰，2019，《构建现代财政补贴体系理论研究》，《财政研究》第 9 期。

刘尚希等，2019，《构建现代财政补贴体系理论研究》，《财政研究》第 9 期。

卢锋，2017，《特朗普的经济主张》，《国际经济评论》第 1 期。

吕炜、刘欣琦，2021，《灵活与稳定、传承与包容——建党百年党领导财政工作的历史经验与治理逻辑》，《经济社会体制比较》第 3 期。

吕炜、张妍彦、周佳音，2019，《财政在中国改革发展中的贡献——探寻中国财政改革的实践逻辑》，《经济研究》第 9 期。

马珺，2016，《美国式的住房抵押贷款利息税前扣除制度不可行》，《国际税收》第 10 期。

彭学兵，2004，《美国政府的科技补贴政策及对我国的启示》，《科技进步与对策》第 1 期。

皮尤研究中心，2018，《美国两党对世界如何看待美国存在的分歧》，《国际研究参考》第 5 期。

屈亚星，2021，《新冠疫情背景下不同补贴方式对居民消费的影响——以中国发消费券和美国发现金补贴为例》，浙江大学，硕士学位论文。

任丽娜，2019，《美国医改举步维艰的公共选择理论分析》，《辽宁大学学报》（哲学社会科学版）第 3 期。

沈大勇、龚柏华，2011，《中美清洁能源产业争端的解决路径——中美风能设备补贴争端案的思考》，《世界经济研究》第 7 期。

宋来、朱保华，2016，《美国财政政策历史实践及其对我国供给管理的若干启示》，《世界经济研究》第 9 期。

唐红涛、陈欣如，2021，《财税政策助推数字经济高质量发展研究》，《科技智囊》第 4 期。

田辉，2012，《当前中美农业保险补贴政策的特征比较》，《中国经济时报》第 5 版。

王汉儒，2009，《次贷危机背景下美国财政政策走势的预测——基于凯恩斯主义视角的一个分析》,《当代财经》第 2 期。

王俊、仲震康、彭千卉，2010，《美国医疗改革中的财政收支政策研究》,《财政研究》第 10 期。

项本武，2009，《美国财政刺激政策有效吗？——国外学者的实证研究进展及其争论》,《国外社会科学》第 4 期。

熊灵、周茂荣，2011，《WTO 视角下中美可再生能源补贴政策比较分析》,《国际商务研究》第 5 期。

许闲、周源、余安琪，2022，《美国医疗保险改革的经验与启示》,《复旦学报》（社会科学版）第 1 期。

鄢伟波、安磊，2021，《社会保险缴费与转嫁效应》,《经济研究》第 9 期。

杨斌，2018，《美国经济政策的历史演变》,《人民论坛》第 1 期。

杨善奇，2018，《住房商品双重属性、政策选择与劳动力再生产困境——以美国新自由主义时期住房政策为例》，《经济学家》第 2 期。

姚贝贝，2021，《数字经济下我国新业态企业培育的财税激励研究》,吉林大学，硕士学位论文。

张晓云、杜崇珊、李成威，2021，《美国百年医改的成败及其制度分析——新冠疫情下的美国医保之殇》,《经济社会体制比较》第 4 期。

张艺蓉，2009，《对物业税税基评估技术层面的探讨》,《现代商业期刊》。

章志萍、熊长论，2010，《浅析奥巴马政府的医疗保障体制改革》,

《解放军外国语学院学报》第3期。

中国银行研究院，2022年，《中国经济金融展望报告》。

邹武捷，2020，《美国医疗保险改革分析——以奥巴马医改与特朗普医改对比为例》，《中国保险》第3期。

英文文献

Regis Barnichon, Luiz E. Oliveira, Adam Hale Shapiro, 2021, "Is the American Rescue Plan Taking Us Back to the '60s?", *FRBSF Economic Letter*, Vol. 2021, Issue 27.

Blumberg Linda et al., 2017, " Who Gains and Who Loses Under the American Health Care Act", Urban Institute.

Buiter Willem H., 2002, "The Fiscal Theory of the Price Level: A Critique", *The Economic Journal*, Vol. 112, No. 481.

Chetty Raj et al., 2020, "How Did COVID – 19 and Stabilization Policies Affect Spending and Employment? A New Real – Time Economic Tracker Based on Private Sector Data", National Bureau of Economic Research.

Chetty Raj ea al., 2020, "The Economic Impacts of COVID – 19: Evidence from a New Public Database Built Using Private Sector Data", National Bureau of Economic Research , Working Paper 27431.

Chodorow – Reichet Gabriel al., 2012, "Does State Fiscal Relief During Recessions Increase Employment? Evidence from the American Recovery and Reinvestment Act", *American Economic Journal: Economic Policy*, Vol. 4, No. 3.

Pope Chris, 2019, "Medicare for All? Lessons from Abroad for Comprehensive Health – Care Reform", Manhattan Institute, https://www.manhattan – institute.org/using – lessons – from – international – health – care – medicare – for – all.

D. Carroll Christopher et al., 2020, "How Has the US Coronavirus Aid Package Affected Household Spending?" *Economic Research*, No. 75.

Cogan John F. et al., "New Keynesian Versus Old Keynesian Government Spending Multipliers", National Bureau of Economic Research, Working Paper 14782.

Congressional Budget Office, 2017, "Cost Estimate of the American Health Care Act", http://www.cbo.gov/publication.

Dyreng Scott D. et al., 2020, "The Effect of U. S. Tax Reform on the Taxation of U. S. Firms' Domestic and Foreign Earnings", National Tax Association, Vol. 113.

Feldstein Martin, 2009, "Rethinking the role of fiscal policy", *American Economic Review*, Vol. 2, No. 99.

Feyrer James and Bruce Sacerdote, "Did the Stimulus Stimulate? Real Time Estimates of the Effects of the American Recovery and Reinvestment Act", National Bureau of Economic Research, Working Paper No. w16759.

Frankle Jacob A. and Assaf Razin, 1996, *Fiscal Policies and Growth in the*

World Economy, Cambridge: MIT Press.

Hackmann Martin B., Jonathan T. Kolstad and Amanda E. Kowalski, "Health Reform, Health Insurance, and Selection: Estimating Selection into Health Insurance Using the Massachusetts Health Reform", National Bureau of Economic Research, Working Paper 17748.

Hughes Jonathan and Louis Cain P., 2007, *American Economic History*, New Jersey: Pearson Education, Inc..

Ivalina Kalcheva et al., 2020, "(UN) intended consequences? The impact of the 2017 tax cuts and jobs act on shareholder wealth", *Journal of Banking & Finance*, Vol. 118.

Taylor John B., 2009, " The Lack of an Empirical Rationale for a Revival of Discretionary Fiscal Policy" , *American Economic Review*, Vol. 99, No. 2.

Joseph R. Biden, 2022, "Statement on the 25th Anniversary of the Children's Health Insurance Progra", The American Presidency Project, https://www.presidency.ucsb.edu/documents/statement-the-25th-anniversary-the-childrens-health-insurance-program#:~:text=Statement%20on%20the%2025th%20Anniversary%20of%20the%20Children%27s, Program%20into%20law%20to%20make%20that%20a%20reality.

Macaulay Alistair, 2021, "The Attention Trap: Rational Inattention, Inequality, and Fiscal Policy", *European Economic Review*, Vol. 135.

Feldstein Martin S., "Rethinking the Role of Fiscal Policy", National Bureau of Economic Research, Working Paper 14684.

Muellbauer John , Anthony Murphy , 2008, "Housing Markets and the Economy: The Assessment", *Oxford Review of Economic Policy*, Vol. 24, Issue 1.

Pollin Robert , Jeffrey P. Thompson, 2011, "Fighting Austerity and Reclaiming a Future for State and Local Governments", Working Papers 259, Political Economy Research Institute, University of Massachusetts at Amherst.

Pollin Robert, 2012, "Economic Prospects: Fighting Seriously for Jobs and Social Security", *New Labor Forum*, *Vol.* 21.

Riedl B. , 2017, "Obama's Fiscal Legacy: A Comprehensive Overview of Spending, Taxes, and Deficits", https: //wwwmanhattan - institute. org/html/obamas - fiscal - legacy - comprehensive - overview - spending - taxes - and - deficits - 10669. html.

Romer Christina and Jared Bernstein, 2009, "The Job Impact of the American Recovery and Reinvestment Plan", http: //otrans. 3cdn. net/ee40602f9a7d8172b8 - ozm6bt5oi. pdf.

Taylor John B. , 2011, "An Empirical Analysis of the Revival of Fiscal Activism in the 2000s", *Journal of Economic Literature*, Vol. 49, No. 3.

Timothy G. Conley and Bill Dupor, 2013, " The American Recovery and Reinvestment Act: Solely a government jobs program?" *Journal of Monetary Economics*, Vol. 60, Issue 5.

Wilensky, Gail R. , 2011, "Bending and Stretching the Health Care Cost Curve", *Business Economics*, Vol. 46.

Wilson Daniel J. , 2012, "Fiscal Spending Jobs Multipliers: Evidence from the 2009 American Recovery and Reinvestment Act", *American Economic Journal: Economic Policy*, Vol. 4, No. 3.